声音。他们通过观察与书写，感悟到自然的神奇，也感悟到生命的力量。

愿这套书籍成为教师与学生们探索自然奥秘的珍贵向导，也为新时代教育改革注入更多灵感与活力！

中国青少年宫协会会长 吴峥岚

2025 年 1 月

前 言

十年前，我初次接触"自然笔记"，仿佛打开了一扇通往自然奥秘的大门。那是在上海出差期间，我有幸参观了上海植物园，受到了热情的接待，还见证了野鸟会老师对自然笔记的生动讲解。不过，由于担心自己没有绘画基础，我一开始只是欣赏他人的作品，没有亲自动手尝试。直到自然笔记的风潮吹到了北京，我和伙伴们对自然笔记的探索热情才真正迸发出来。

这五年来，我们开展了自然笔记作品征集活动、自然笔记下校送课活动、自然笔记教师工作坊、自然笔记科普阅读活动以及自然笔记全国教师培训等一系列"金蕊"品牌活动。自然笔记已经成为我们工作的重要组成部分，我们被它的独特魅力和丰富的教育价值深深吸引。

在组织自然笔记教师培训的过程中，我们收集了许多教师的困惑和问题，这些问题也曾困扰过我们——"我没有绘画基础，不知道如何开始。""我的自然笔记画得不好，能指导学生吗？""自然笔记究竟是科学性更重要，还是艺术性更重要？""怎样的自然笔记才是最好的自然笔记？""自然笔记如何应用于我的学科教学？"一开始，我们希望找到一本现成的书籍推荐给老师们，但没有如愿。虽然市面上自然笔记类书籍不少，但没有一本专门针对教师的教学指导书籍。于是我们决定迎接挑战，自己编写一本。

经过团队的共同努力，我们创作了这套分为两册的书籍。第一册《自然笔记教程》侧重于理论方法的介绍，第二册《我的自然笔记》则聚焦于实践操作。我们希望通过这套书籍，不仅为教师提供指导，也为学生和自然爱好者提供实践的灵感。

这套书籍是团队成员智慧和热情的结晶。每位成员都以其独特的才华和视角，为书籍的内容丰富度和深度做出了贡献。

王鹏老师以其优美的文笔和灵动的文风，为文字赋予了魔法般的魅力，让读者仿佛置身于一个充满趣味的自然世界；李慢如老师以其深邃的思考和诗意的表达，将自然体验活动描绘得如诗如画，给人以意想不到的视角和感悟；李艳慧老师以其极强的共情能力，在赏析优秀作品时，仿佛与小作者心灵相通，深刻理解并传达了作品背后的情感和思考；李朝霞老师的文字细腻而感人，她对自然的深刻感悟和细腻表达，让人感受到与自然联结的美妙滋味；陈建江老师的文字则如同他本人的讲课，亲切而富有启发性，让读者仿佛亲临其课堂，感受到他的循循善诱和博学多才。

此外，我们团队还有一位特殊的成员——丫丫鱼（万伟）老师。作为一名水彩画艺术家和资深的自然笔记创作者，丫丫鱼老师不仅为本书提供了专业的绘画指导和精美的插图，更以其对自然笔记深刻的理解和独到的见解，为团队的创作提供了宝贵的灵感和指导。

每一位团队成员都以自己的方式，为这套书籍倾注了心血和智慧。他们的才华、热情和专业精神，是本书能够呈现在读者面前的重要基石。

特别要感谢的是彭岩老师、郭柈老师和周挺老师，他们作为本书的编辑，付出了巨大的心血。从书籍的最初定位到内容的细致划分，再到每一轮严谨的审稿，他们的专业素养和敬业精神为本书的完善提供了坚实的保障。他们的建议总是精准而富有洞察力，帮助我们填补了内容上的空白，提升了书籍的整体质量。在幕后默默奉献的他们，是我们团队不可或缺的成员，也是我们珍视的良师益友。

我们深知，尽管尽力而为，书籍中仍存在很多不足之处。欢迎广大读者朋友提出宝贵的意见和建议，我们将虚心接受并不断改进。

"天地有大美而不言"，真正的美无须华丽的辞藻，它静静地存在于世间，等待着我们去发现和感受。我们希望通过这套书籍，为读者带来生活的乐趣，一同学习如何在简单和平凡中寻找美、欣赏美。

明冠华

2024 年 6 月

目 录

第四章

用心感知，用手记录
——自然笔记的创作之路

第五章

自然笔记里的教育密码
——如何在课堂上运用

附　录

后　记

第一章

与自然对话
——探秘"自然笔记"

什么是自然笔记?
自然笔记的历史渊源
自然笔记与其他相关概念的区别

一　什么是自然笔记?

（一）自然笔记的概念

亲爱的读者朋友，"笔记"这个词相信你一定很熟悉。我们几乎每天都在记笔记：怕新学的知识忘记了，记笔记；看到令人拍案叫绝的精彩文章，记笔记；心里话无处诉说时，还是可以记笔记。毫不夸张地说，记笔记就是我们生活的一部分。

不过，你听说过"自然笔记"吗？没错，自然笔记也是一种笔记，只不过记录的是一个人对自然世界的观察、发现和感受。比如右图①的小作者秦常仪同学，在盛夏的 7 月到河北崇礼登山，一路上看到了很多美丽的野花——金莲花、翠雀、蓝刺头、地榆……它们和花园里的植物都不一样，给小作者留下了深刻的印象，于是她产生了把这些高山野花记录下来的想法。她用彩色铅笔勾勒出了它们花朵的样子，又用文字说明了它们与众不同的特点，以及自己当时的想法和感受，这样，一幅优秀的自然笔记作品就诞生了。

除了迷人的高山花卉，花盆里不知何时长出的杂草、围栏上悄悄伸出脚丫的爬山虎、池塘里的第一声蛙鸣、树杈上的喜鹊忙碌筑巢的身影、屋檐上悬挂的透明冰凌、月亮调皮的月相变化，等等，都是自然笔记可以记录的内容。做自然笔记的一个好处，就是你永远不用为没有素材而发愁。

---

① 本书中的所有自然笔记均由作者自行创作，书中予以原样保留，仅作为范例展示，不建议作为科学资料使用。

自然笔记对风格也有很大的包容性，如果你是一名小学生，还没有积累大量的科学知识和生活经验，不必担心，相信你的眼睛、鼻子和耳朵，用自己的语言和喜欢的方式表达出来，就是最真实动人的自然笔记；如果你是一名科研工作者，刨根问底和环环相扣已经成为你思维的一部分，那么你可以在自然笔记作品中融入连续的观察和深刻的思考，用翔实的数据为你的自然笔记代言；即便是艺术家，也同样可以在记录自然的过程中，发挥自己的特长，毕竟美观而又有视觉冲击力的作品谁会不爱呢？

七月的高山徒步　作者：秦常仪（二年级）　北京市朝阳区实验小学

（二）自然笔记的记录方式

既然是用笔记记录大自然，那么用什么样的方式来记录呢？很显然，文字、绘画、照片、视频都是很便捷的方式，广义上的自然笔记包括用以上所有方式创作出的作品。

有广义，自然就有狭义。狭义的自然笔记指的是"用图画和文字来给大自然写日记"，也就是大家经常在自然笔记作品展、自然笔记图书中看到的自然笔记的模样。本书中所谈到的"自然笔记"，在大多数情况下，指的也都是狭义上的自然笔记——在本子上用绘画和文字表达自己在自然中的发现和感受，是一种探索自然的好方法。

二 自然笔记的历史渊源

尽管"自然笔记"这个词在我国流行起来还只是这20年的事，但是，自然笔记这种形式其实已经应用了好几个世纪。

在西方，不少享誉盛名的博物学家、作家、探险家都是自然笔记的践行者，这一名单里镌刻着下面这些熠熠生辉的名字：著名的博物学家、进化论的提出者查尔斯·罗伯特·达尔文，超验主义哲学家、《瓦尔登湖》的作者亨利·戴维·梭罗，《沙乡年鉴》的作者奥尔多·利奥波德，《寂静的春天》的作者、海洋生物学家蕾切尔·卡逊……

在中国，中国植物分类学家吴韫珍先生，中国科学院院士、中国近代地理学和气象学的奠基者竺可桢先生也记录了大量的自然笔记。

从更广义的层面来说，祖先们在洞穴的墙壁上、陶制的花瓶上、成卷的羊皮纸上，将狩猎的战斗、探险的过程、村子里发生的瘟疫等事件记录下来，都是在做自然笔记。我国最早的一部诗歌总集《诗经》收集了西周初年至春秋中叶的诗歌共311篇，仅植物就有野草类20种、蔬菜粮食类作物11种、药用植物类7种等总计72种，里面还蕴含了大量的情感描写，以物传情，也算是一种广义上的"自然笔记"。

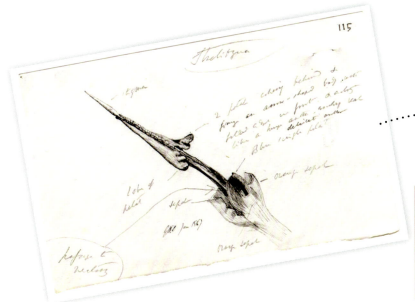

自然笔记手稿

达尔文在手稿中记录了鹤望
兰的雄蕊结构，现收藏于剑
桥大学图书馆

版　权：Cambridge University
Library，DAR 49：115r

照片

鹤望兰是旅人蕉科鹤望兰属
多年草本植物，原产于非洲
南部，因花姿似望鹤而得名
版权：Brocken Inaglory

查尔斯·罗伯特·达尔文（1809—1882），英国生物学家，进化论的奠基人。
曾经乘坐贝格尔号进行环球航行，对动植物和地质结构等进行了大量的观察和采集。
达尔文在此图中记录了鹤望兰的箭头状花瓣。

日记手稿

梭罗撰写的日记中的一页（1858年11月—1859年4月）
版权：Eric Polk，CC BY-SA 4.0

亨利·戴维·梭罗（1817—1862），美国作家、哲学家，提倡回归本心，亲近自然。他在距离康科德两英里的瓦尔登湖畔隐居两年，自耕自食，体验简朴和接近自然的生活，并以此为题材写成长篇散文《瓦尔登湖》，该书为超验主义经典作品。2020年4月，《瓦尔登湖》被列入《教育部基础教育课程教材发展中心 中小学生阅读指导目录（2020年版）》初中段。

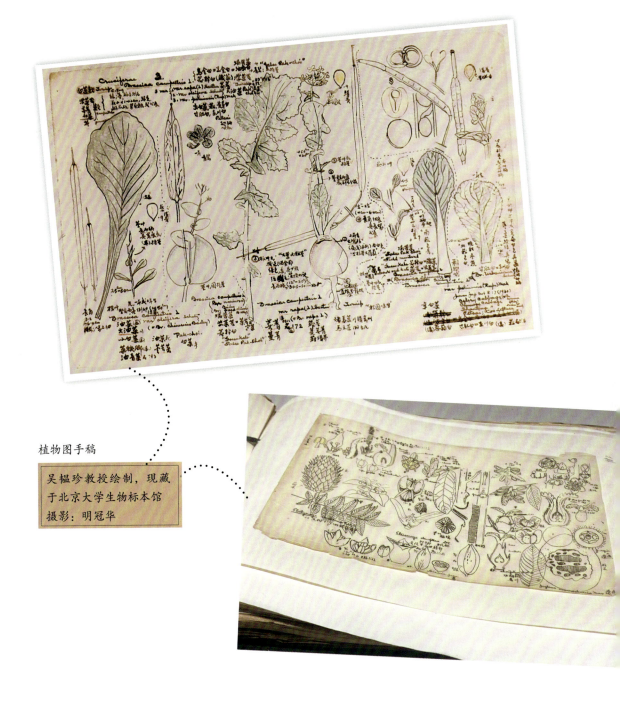

植物图手稿

吴韫珍教授绘制，现藏
于北京大学生物标本馆
摄影：明冠华

　　吴韫珍（1899—1942），生于上海市青浦区朱家角镇，中国植物分类学家。1923年考入清华大学，后被派赴美国康奈尔大学深造，1927年回国任清华大学植物学教授。在清华大学任教时，每次上课前半小时，他都会把黑板写满画满，内容均为世界著名杂志上最新发表的藻、菌、苔藓、羊齿等素材。吴教授的图画得很准，为学生呈现了既具体又有进化理论支撑的丰富知识。为了配合《中国植物图谱》的编写，他还根据最新的素材绘制了近2000种华北和云南高原植物的精图，这些手稿被收藏在北京大学生物标本馆。

竺可桢(1890—1974)，浙江省绍兴县东关镇人，中国科学院院士，中国共产党党员，中国近代气象学家、地理学家、教育家，中国近代地理学和气象学的奠基者，浙江大学前校长。竺可桢先生从读书时就养成了记日记的习惯，目前保存下来的日记共计38年37天，他在日记中记载了大量气象水文、地质、生物等方面的信息。

1961年5月17日，竺可桢先生从北京乘坐飞机前往成都，途中一直在记笔记，内容包括时间、海拔高度、经过的地形、天气、物候等信息：

五月十七日　星期三 [从北京乘飞机至成都]

乘伊尔14飞机，7点50分起飞。8点20分，[飞到]2200米，晴。9点经一个大水库，9点55分太原[上空]750米，10点05分起飞。太原机场设备简陋，时芍药开花。太原[位置]北纬37° 50′，东经112° 30′，北京（物候期）比太原迟：8（late）+1（long）−3.5（alt.）=（迟）5.5天。10点20分[飞机]高2200米，11点50分2750米。……11点06分过黄河。西安11点48分……，12点56分起飞。……在渭河上游向西盘旋。……13点38分即下降至3600米。14点40分[到]丘陵地带，[高]2700米。14点46分（至）涪江，2200米，入积云。14点53分到成都平原（上空），1/4是水。15点40分，成都，天阴，480米。15点到城南20公里双流机场。……

三　自然笔记与其他相关概念的区别

（一）自然笔记与科学绘画

常与自然笔记一同被讨论的还有一种作品形式，叫科学绘画，让我们看看下面两幅作品。

第一幅作品出自北京石油学院附属小学张晓倩老师之手，属于比较典型的科学绘画类型。为了呈现杧果种子的准确结构，张老师不仅购买了很多杧果进行细致观察、寻找共性，还对杧果进行了精细解剖，并且亲自培育杧果种子发芽生根。在绘制的过程中，张老师请教了不少植物学领域的专业人士，并翻阅了植物志等相关书籍，花费了很多时间和精力才完成了这幅作品。在色彩的呈现上，张老师也是力求还原，选择最接近杧果的真实颜色来描画。果实的大小、长短、比例以及叶片的排列角度都经过测量。画作达到了以假乱真的效果。

第二幅作品是由本书的作者之一、北京教学植物园的王鹏老师创作。这幅作品创作的时间为早春。当时气温回升，园区的植物与冬天相比，有了不小的变化：飞扬的山桃枝条上粉红色的花骨朵越发饱满，达到了 0.5 厘米长；被埋藏在地下一冬天的郁金香种球终于破土而出，探出了它紫红色的嫩叶；玉兰的叶芽已经把外面的鳞片挤掉了，花苞也在脱掉一层层毛茸茸的外衣……只用了一个中午，王鹏老师就把 8 种植物的生长状态记录了下来，还在笔记里尽情抒发了自己沐浴在春风中的感受。从绘画细致程度来看，王鹏老师做了不少简化，只记录了植物关键的特征和主要的外观轮廓。

芒果

漆树科杜果属植物,原产印度
芒果是杜果的通俗名,拉丁学名:
Mangifera indica L.

生
(无香味 偏绿 偏硬)

熟
(有香味 变黄 变软)

叶

茎

2cm

内果皮
(木质 坚硬)

种皮
(膜质 半透明)

胚轴

胚芽

胚根

根

子叶(2片)

芒果枝梢呈莲次式
生长,芽由苞片包裹,
苞片先绽开,芽梢
伸长,叶片开展,
苞片随即脱落,中下
部叶片互生,叶距较大.
苗期生长迅速,一般每年
抽6-8次梢,与根系交替生长.

杜果 作者:张晓倩 北京石油学院附属小学

通过比对这两幅作品,相信大家已经发现了,虽然科学绘画和自然笔记都以自然世界中的素材为表达主题,但区别还是十分明显的。

从功能上看,科学绘画因为起源于人们对科学知识的传播以及普及的需要,所以不能夹杂绘图者的主观情感[1],每一笔都要有依据,不能为了艺术效果进行夸张而遗漏了对象的特征。而自然笔记则带有一定的日记属性(虽然也经常对外展示和交流),要轻松许多,人们在日记中自然是可以描述自己的发现、表达观点、整理思绪、批判思考的。因此,相比科学绘画,自然笔记更具有"人情味"。

---

① 曹宇文. 浅谈科学绘画 [J]. 艺术科技,2013(10):119.

早春　作者：王鹏　北京市少年宫（北京教学植物园）

　　从形式上来看，科学绘画所描述的对象必须严格体现科学性，需要尽可能收集最完整的信息，并在此基础上进行规范的描绘，像一些小细节，比如昆虫触角的末端、翅脉的分布、植物胚珠的类型等信息甚至需要在领域专家的指导下进行绘制，力求精准和典型。简而言之，科学绘画者需要观察得细致入微，用画面去表达科学性和真实性，而自然笔记尽管也要如实记录信息，但是对精准度的要求不如科学绘画那么高，也不必完整呈现所有的关键细节，体现个人对自然世界的认识和感受即可。

　　从创作难度上看，科学绘画无疑对创作者的绘画功底、科学素养要求更高，每一个科学绘画师都是科学家的好伙伴。科学绘画创作首先要进行资料的收集，这一过程中，有很多大小"陷阱"都需要创作者逐一甄别，比如雀鸟之间的差别体现在喙部，稍不留神，就有可能弄错；在参考照片资料的过程中，常常会因为角度不能很好地反映生物的特点，需要交叉验证。而自然笔记就相对友好多了。

（二）自然笔记与艺术绘画

自然笔记和平时我们画的画又有什么区别呢？

一般来说，艺术绘画的出发点在于感知美，创作者常常带着澎湃的激情去创作自己的世界，会在创作的过程中加入个人的审美情趣和爱好，而自然笔记，更多体现的是对自然世界的真实记录，尽管个人的观点、看法和感受会通过文字等方式体现，但是如实记录仍然是第一位的，不可为了达到某些艺术效果过度夸张。从某种意义上来说，自然笔记为科学和艺术的二分世界提供了交流的可能，是一种处于中间"交叉地带"的作品形式，但是科学性仍占据重要的地位。换句话说，艺术绘画画的是作者心中的世界，而自然笔记更多是要把自然世界已经存在的现象记录下来。

比如同样以柿子为主题，自然画家丫丫鱼老师的自然笔记对柿子进行了全面的记录：绚丽的叶片形态各异，硕大的果实令人垂涎，就连叶子上的破洞都能引起作者的思考——可能是昆虫啃食留下的咬痕。除了眼睛能观察到的表观特点，丫丫鱼老师还对果实做了纵切，称了它的重量——176克，超过三两。整个作品信息量十足，读者欣

柿　作者：丫丫鱼

赏完毕之后，对柿子的结构与特点、质地与内在都有了更多的了解。

而画家于非闇的《丹柿图》，虽然极具视觉冲击力，但是对自然物本身的关注和表达出来的信息量不如丫丫鱼的《自然笔记：柿》大，更注重的是个人对柿子的理解和表现。

难道自然笔记作品就不能融入想象力吗？当然不是。比如一份以蜜蜂传粉访花为主题的自然笔记，小作者为了表达蜜蜂腿上"花粉筐"（蜜蜂后腿外侧的凹陷，用于暂存采集到的花粉，并不是真的筐）这一结构特点，在记录主体附近增添了一只腿上绑着竹筐、竹筐里装满花粉的小蜜蜂形象，通俗易懂，趣味十足，这样的方式在自然笔记作品中也是可以的，只是需要注意量和度的把握。

丹柿图　绘者：于非闇

（三）自然笔记与手抄报

手抄报这种形式最容易与自然笔记混淆，特别是在中小学生创作的"自然笔记"作品中，经常你中有我、我中有你。手抄报的重点在于"抄"字——创作者将图书、报刊或其他载体上有价值的信息摘抄下来，然后通过设计和编排，集中抄写、绘制在纸上，相当于"手抄版"的新闻报纸，具有一定的宣传效果。自然笔记重在记录自己的发现和认识，而手抄报多是引用他人的观点。前者体现出的是创作者构建知识的过程，而后者呈现的是前人对知识加工后的"成品"信息。当然，在实际的创作过程中，对"抄"与"不抄"的要求并不是那么绝对，不是说手抄报一点个人的观点都不能有，自然笔记不能引用植物志或科学论文中的研究结果，只是要把握量和度。

自然笔记与科学绘画、艺术绘画、手抄报之比较

	自然笔记	科学绘画	艺术绘画	手抄报
如实记录	重要	重要		
科学准确		重要		重要
审美表达		重要	重要	
五感体验	重要		重要	
主观情感	重要		重要	
他人成果				重要

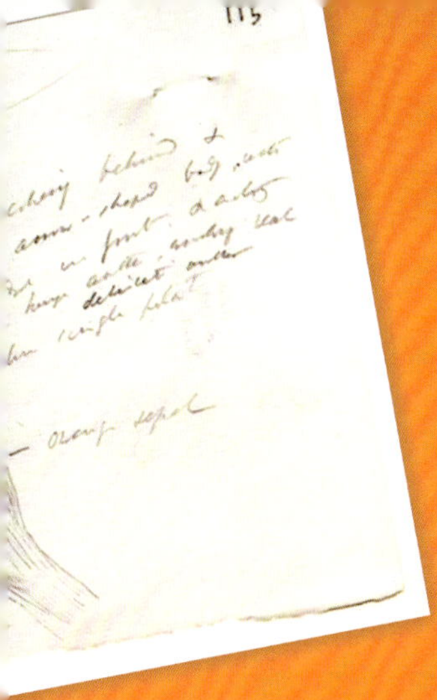

第二章

自然笔记的教育启示
——探究自然笔记的
独特价值

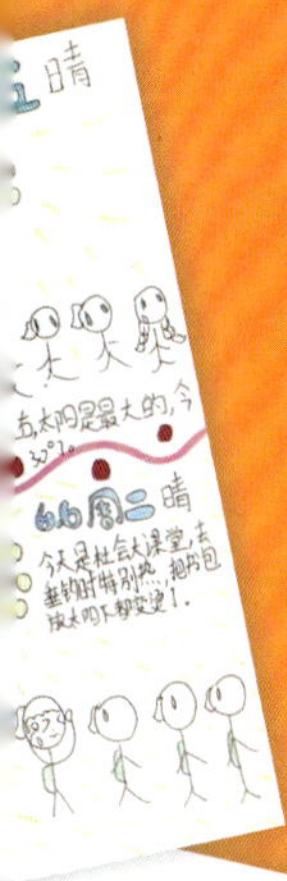

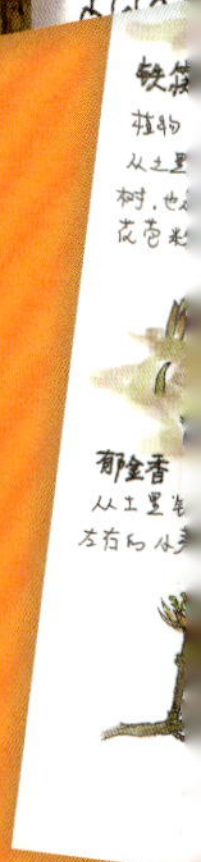

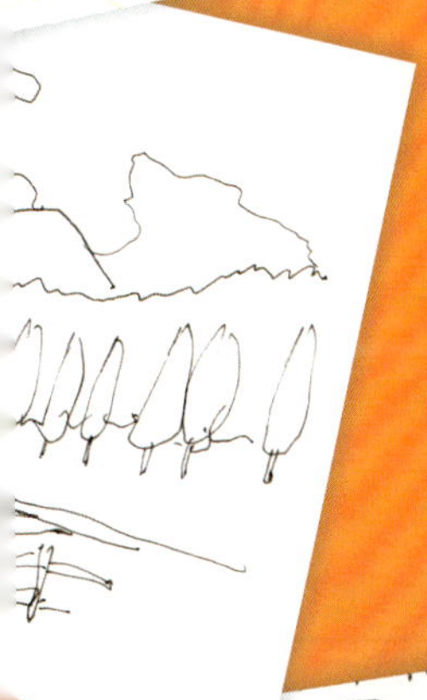

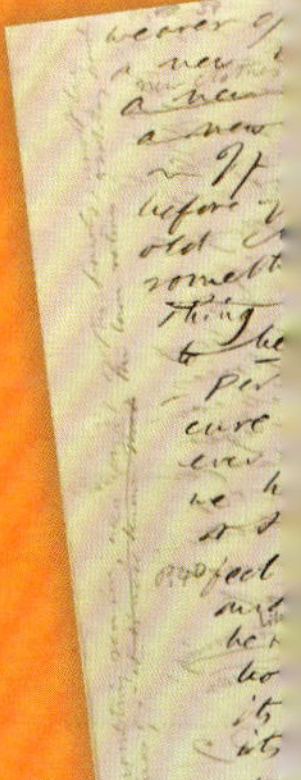

培养观察能力

激发对自然的热爱

综合运用知识

培养创新意识

促进人与自然和谐

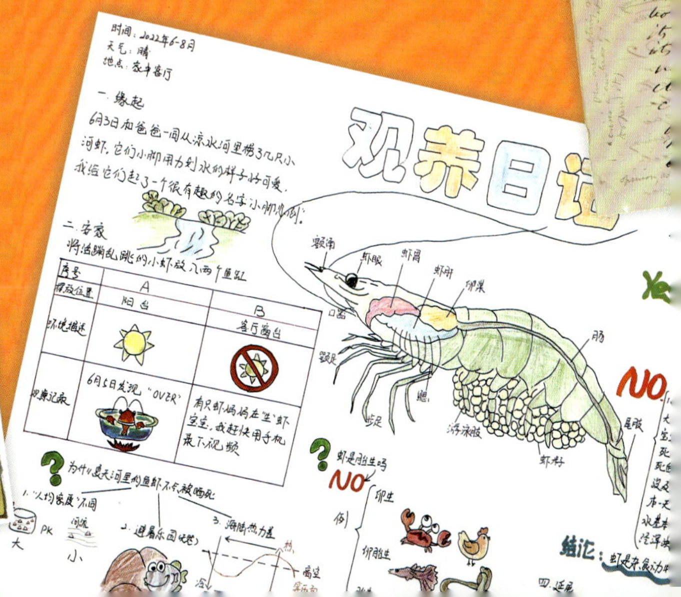

现在，亲爱的读者朋友，你已经知道了自然笔记的内涵和形式，能够区分出它和科学绘画、艺术绘画以及手抄报的区别，那么我们究竟为什么要做自然笔记？我们能从自然笔记的创作过程中获得哪些益处呢？

一　培养观察能力

做自然笔记可以培养人的观察能力，可以让人们真正看见自以为看到但实际上忽视的细节。比如喜鹊是人们日常生活中经常见到的一种鸟类，很多学生都表示自己对喜鹊非常熟悉："这鸟我天天都能见到！""它们一点儿也不怕人，距离我可近了！"但是当教师给他们提供喜鹊的空白图像，请他们根据记忆为喜鹊填色时，学生们开始犹豫了，填色的结果五花八门。

其实这一结果并不令人意外，日常的"看一眼"真的就是"看一眼"而已。但是在做自然笔记的过程中，我们花在"看"上的时间可多多了——为了把物体绘制在纸上，我们需要看大小宽窄、看颜色明暗、看突出特征、看相对位置、看翻折角度，要反复看、换角度看，如此这般多次，观察的本领能不增强吗？对物体的特点能了解得不清楚吗？

📝名言引用

"你看了，但你没有观察。"

——《福尔摩斯的冒险·波西米亚丑闻》

二　激发对自然的热爱

做自然笔记有利于澄清思想，锻炼表达。自然笔记除了绘画外，还需要写作的配合。写作可以分为三种类型[1]，包括事务性写作（为提供信息、指导、说服而写作）、诗性写作（在诗歌或小说中使用语言，作为艺术媒介的写作）和表达性写作（基于思考和推测的非结构化写作，为自己而写）。自然笔记中的写作更多是表达性写作，与思维关系最密切，可以帮助记录者探索和澄清自己的想法，回应在周围环境中的体验。这也是维特根斯坦说"语言的边界就是思想的边界"的原因。

三　综合运用知识

自然笔记记录的是自然界中的现象，使用的呈现手段主要是写作和绘画。这样的综合性特点使得自然笔记具备了天然的跨学科属性，可以鼓励学生从不同的角度看待世界，打破了科学与艺术、知识与情感之间的二分法。在跨学科实践活动成为教育改革亮点的当下，自然笔记可以帮助学生更好地提升综合能力。

---

[1]　Hofmann C L.The Development and Evaluation of a Nature Journaling Guide[D]. University of Wisconsin-Stevens Point, College of Natural Resources, 2004.

四　培养创新意识

　　自然笔记能培养学生的创新意识吗？当然可以，因为大自然本身就是无尽的灵感源泉。在接触自然的过程中，记录者经常会有新的发现，好奇心和求知欲就会被点燃。例如草地上的蒲公英，俨然是一个天气播报员，在阳光明媚的时候会开得无比灿烂，黄色的花儿又大又舒展，但是一旦阴天下雨，这些小花就会隐藏起来，远远看过去，绿草如茵的草坪哪有什么黄色？这些小花是练了什么不得了的隐身术吗？当然不是，它们只是把花瓣收起来，把绿色的苞片露在外面，打了个障眼法而已。那么它们为什么要这么做？又是通过什么方式实现的呢？这些问题都会鼓励记录者探索自然现象背后的原因和机制，提出问题并寻找答案。而这种批判性思维和问题解决能力是创新的重要组成部分。到自然中去吧，去激活自己的灵感，去触摸科学的前沿。

> **名言引用**
>
> "好奇心是科学的一个重要方面，它使我们不断追问，探索未知。"
>
> ——卡尔·萨根
>
> "我们可以与自然和解，并从中找到无尽的灵感和智慧。"
>
> ——亨利·戴维·梭罗

收拢的蒲公英的花序。2024 年 4 月 9 日摄于北京教学植物园树木分类区，当天阴有小雨　摄影：明冠华

五　促进人与自然和谐

尤其重要的是，做自然笔记需要走向户外，可以让人在大自然的怀抱中卸下压力，重拾专注，培育对环境的敏感度，建立起同家乡和社区的归属感，满怀好奇之心去探索这个世界的未知。正如芮东莉老师[①]所说："一支笔，一页纸，一颗痴迷于自然的心。线条伸展，文字跳跃，各个生命的微观、宏观次第绽放。这是一扇神奇的转门，它让

①　芮东莉. 自然笔记：开启奇妙的自然探索之旅 [M]. 长沙：湖南科学技术出版社，2020.

我们像狸，像獾，一头扎进灌木丛深处，用身体和心灵的全部去亲近叶片、花朵和虫虫们的世界，去感受和记录那些连微距摄影都无以传递的生动。这是一片精神的湿地，它召唤我们去爱，去珍重，去敬畏。树上的锹甲，灯下的夜蛾，天空中的飞鸟，所有生灵，都该和星星一样，与人类同等神秘、宝贵。"

第三章

自然里的艺术探索
——发现自然笔记的独特魅力

多样的内涵
创意的表达
优秀作品赏析

铁筷子
植物园里早春网红小。
从土里钻出来的小椰子
树，也是紫红色茎和叶，
花色粉白，12cm高。

郁金香
从土里钻出约5cm。

秋英
秋英的高度超过1
会有麻酥酥的感。
落在原地，每年都会

山葡萄 (9月12日雨
山葡萄颗粒小、籽多、表皮附有白色粉末。
虽然个头小，但是样子和味道都同葡萄极为相像，
甚至比葡萄更甜更好吃。

观察地点：姥爷家院子

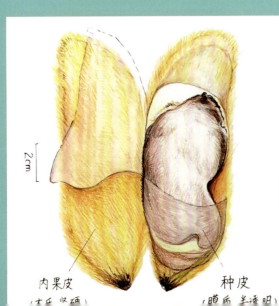

2cm

内果皮
种皮

一　多样的内涵

自然笔记不仅是记录自然的工具，更是人与自然沟通的桥梁。每个人都有自己独特的观察和记录自然的方式，这使得自然笔记的内涵异常丰富。有人将自然视为亲密的朋友，有人以哲学角度思考自然，有人喜欢在自然中寻找乐趣，也有人通过自然笔记释放自我。因此，欣赏自然笔记作品时，你会发现每幅作品都有其独特的魅力。所以，让我们一起来探索自然笔记的多样内涵吧。当然，下面的分类方式是我们按照自己的分类逻辑进行的，如果你能建立自己的自然笔记分类就更好啦！

（一）观察记录型

可以说，最初的自然笔记就开始于这种类型。这类笔记以详细的描述为特点，作者尽可能准确地描述观察到的自然现象，包括天气、植物、动物、地形地貌等内容。通过这类自然笔记，作者可以更加深入地了解自然界的多样性和复杂性，从而增进对自然的认识和理解。同时，这类自然笔记还可以帮助记录和保留自然界中的各种信息，可能包括物种分布、生态系统结构、生物的行为特征等内容，为科学研究和教育提供重要的资料。

《拇指黄瓜》这幅自然笔记作品中，小朋友通过细致入微的观察，记录自家阳台上拇指黄瓜的成长过程。小朋友不仅捕捉到了雌雄异花的特征，还详细记录了雌花发育成黄瓜所需要的时间。那细细螺旋的卷须，刚长出的新叶的状态，都被一一捕捉并记录下来。这种记录，让小朋友与黄瓜这种常见的食材建立了深厚的连接和不一样的情感。

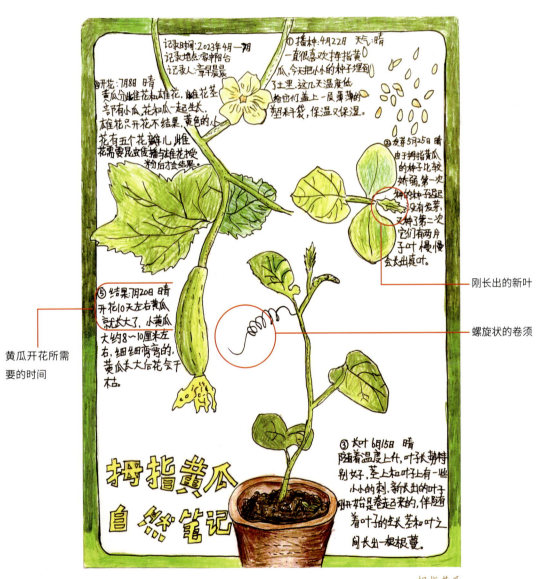

拇指黄瓜

作者：章晨晨（三年级）北京市昌平区史各庄中心小学

指导教师：张莉

《白颊噪鹛》这幅自然笔记作品，生动地展现了小朋友在云南、陕西、湖南三地邂逅白颊噪鹛的奇妙经历。小朋友不仅详细辨识了白颊噪鹛的体态，聆听了它的声音，还观察了它的行为，让我们仿佛置身于充满生机的自然之中。令人惊喜的是，小朋友还偶遇了白颊噪鹛的亲戚——黑脸噪鹛。通过对比观察这两种小生灵，小朋友成功地将它们推荐给了读者。

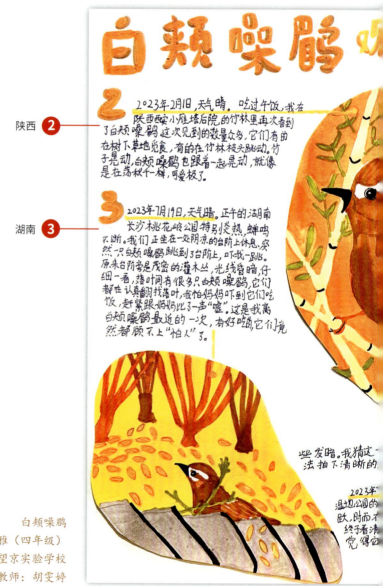

陕西 ② ——

2 2023年2月1日，天气晴。吃过午饭，我在陕西西安小雁塔后院的竹林里再次看到了白颊噪鹛，这次见到的数量众多，它们有的在树下草地觅食，有的在竹林枝头跳动。竹子晃动，白颊噪鹛也跟着一起晃动，就像是在荡秋千一样，可爱极了。

湖南 ③ ——

3 2023年7月19日，天气晴。正午的湖南长沙桃花岭公园特别炎热，蝉鸣不断。我们正坐在一处阴凉的台阶上休息，突然一只白颊噪鹛跳到了台阶上，吓我一跳。原来台阶旁是茂密的灌木丛，光线昏暗，仔细一看，落叶间有很多只白颊噪鹛，它们都在认真翻找落叶，我怕妈妈吓到它们吃饭，赶紧跟妈妈比了一声"嘘"。这是我离白颊噪鹛最近的一次，有好吃的它们竟然都顾不上"怕人"了。

光线发暗。我猜这法拍下清晰的

2023年湿地公园的跃，时而而终于看清党得它

白颊噪鹛
作者：韩熙雅（四年级）
北京市陈经纶中学分校望京实验学校
指导教师：胡雯婷

1 **2** **3** 为小朋友邂逅白颊噪鹛的地点。

笔记

1

2023年1月3日，天气晴。落日盼，
我和家人在云南抚仙湖畔的绿
茵路上散步时，突然听到一阵"啾啾-
啾啾"的声音，我循着声音来到一棵树下。
树底下的光线很暗，可是一抬头就看到
树枝上站立着两只小鸟，它们脸颊白，
身体是棕色的，而且一只鸣叫另一只
紧跟着合唱起来。这是我第一次见到
白颊噪鹛，它们美妙的落日二重奏
让我印象深刻。

1 云南

外形特征

4

2023年1月15日，天气晴。
傍晚，我们在湖北
武汉植物园的灌木
丛里看到一种长相和白颊
噪鹛的体型、轮廓相似的
鸟类，而且它们也很喜欢
在林下翻羽找食物。只是这
种鸟夹脸颊黑色，身体有
噪鹛，只是天色已经变暗，没有办
悟。

雨。阵雨过后，我们在江西南昌象湖
现这种噪鹛，雨后的它们特别活
蹦床"时而在土坡上找食物。这次我
来，原来它的名字就叫"黑脸噪鹛"戒
的亲戚。

偶遇白颊噪鹛的亲戚：黑脸噪鹛

025

（二）理解自然型

　　这一类自然笔记往往更多地展现作者与大自然之间的情感交融与思想碰撞。在这类笔记中，作者不仅记录下眼前的自然景象、氛围，还表达了自己的情感与深刻反思。每个人对自然的感受都是独特的，因此，即使见到同样的自然景象，不同的人也往往会表达出截然不同的情感。喜悦、惊奇、感慨、平静……这些情绪在作者的笔下流淌，让我们能够感受到他们与大自然之间的那份亲密与共鸣。

　　除了情感的表达，理解自然型的自然笔记还注重对自然景象背后意义的探寻。作者会深入思考这些景象所蕴含的哲理，从中获得启发，进而引发对生命、宇宙等宏大命题的思考。这样的笔记不仅让我们更加深入地了解自然，更让我们在欣赏自然之美的同时，得到了心灵的滋养与升华。

　　《海滩捡垃圾》这幅作品，作者只是记录了海滩上捡到的一些浮标以及附着其上的藤壶等海洋生物，然而，细腻的绘画和文字流露出他的真挚情感，我们能感受到作者对海洋的深深喜爱以及对海洋垃圾的担忧。

浮标（专业叫浮球）
上长了一半藤壶

海滩捡垃圾
作者：丫丫鱼

这样的作品往往能引起读者对海洋垃圾泛滥的沉重忧虑。这幅作品不仅是对一次简单捡拾活动的记录，更是一次对海洋生态现状的深刻反思，它触动了读者的内心，引发了人们对海洋垃圾问题的关注和深入思考。

1 **2** **3** **4** **5** 均为浮标

（三）记录生活型

该类型的自然笔记将日常生活与自然环境联系起来，观察与记录的对象就出现在生活场景中，比如餐桌上的食物、与自己朝夕相伴的宠物、日出与日落的时间、天气变化对人的影响、风吹到脸上的感觉等等。作者敏锐地捕捉身边发生的变化，并将感受用真诚的语言呈现出来。这些作品往往能让人感知到生活的美好，给人力量。

就像下面这幅作品《一次有趣的经历——挖土豆》，最引人注目的是标题和下方的文字。这些文字将整幅作品点缀得熠熠生辉。相比之下，图画成了文字的配角。图文融合，不仅让我们深入了解了土豆的自然属性，而且在欣赏的过程中感受到了生活的丰富多彩。

最引人注目的是标题

图文结合描述土豆的外形特征

一次有趣的经历——挖土豆

作者：白钰轩（五年级）　东城区少年宫

指导教师：孔芳芳

跟随小朋友的天气观察笔记《天气观察》，我们仿佛与他一同置身于那段炎炎夏日。六月的天气变化，在小朋友笔下变得生动有趣。烈日当空，太阳公公似乎都热得大汗直流；突然，一阵暴雨倾泻而下，为大地和小朋友带来一丝清凉；雨后太阳再次出现。小朋友的乐观与好奇让夏日充满了趣味，一笔一画勾勒出一幅幅可爱的画面，读者仿佛也感受到了热浪的独特魅力。

天气观察
作者：赵妙瑜（四年级）
北京教育学院附属大兴实验小学
指导教师：马泽盟

6.1—6.4
连日炎热

6.1周四 晴

今天上午非常热,上午去参加活动,
感觉头发都要被烧焦了。

6.2周五 晴

今天大约11点左右,太阳是最大的,今
天温度已经 30°了。

气象观察

6.5周一 晴转雨

33

—7

高温预警

今天,终于下了场雨,6点15起。
太阳终于能消停了。

6.6周二 晴

今天是社会大课堂,去
垂钓时特别热,把书包
放太阳下都变烫了。

6.6
雨后又恢复炎热
把书包放在太阳下
都变烫了。

6.5
终于下了场雨

031

将吃完的牛油果果核进行水培，是一次将自然融入日常生活的有趣尝试。从洗净果核的那一刻起，小作者便踏上了观察生命成长的旅程。每天放学后，他都迫不及待地赶回家，只为亲眼见证果核在水中悄然生根、发芽的奇迹。仔细地观察嫩芽舒展，感受生命悄然绽放的力量，无声无息中，他心中滋长出对自然的敬畏与热爱。

水培牛油果

作者：黄泽辰（四年级）　北京石油学院附属小学

指导教师：张晓倩

随着时间的推移，小作者不仅体验到了生命的精彩，更深刻感受到了自然的力量。他学会了耐心与细心，学会了观察与思考，从自然中汲取智慧与力量。这段有趣的经历将成为他成长路上的美好回忆，让他更加珍视生活中的每一个细微之处，与自然和谐共生。

（四）科学研究型

这种类型的自然笔记可以说是科学思维与艺术表达的完美结合。作品中往往详细地记录了观察物的形态特征、变化、生长过程或行为方式，是最能体现探究精神与科学思维的一类作品。一般包括明确的主题、翔实的观察记录、相对科学的实验设计、数据的收集与分析、对结果的分析和解释以及作者的反思与总结，并利用图画和文字有逻辑地呈现这一切。

《小河虾观养日记》，作者用自然笔记的形式刻画了自己对河虾的深入研究。作品展示了明确的研究目标、合理的试验方案、对观察数据的分析，并得出最终结论，还有作者对结论的猜想与探讨，展现出作者对科学问题的好奇心和探索精神。整幅自然笔记生动有趣，既体现了科学研究的严谨，又展现了作者对自然的热爱，无疑是一篇充满趣味与智慧的科学研究型的自然笔记。

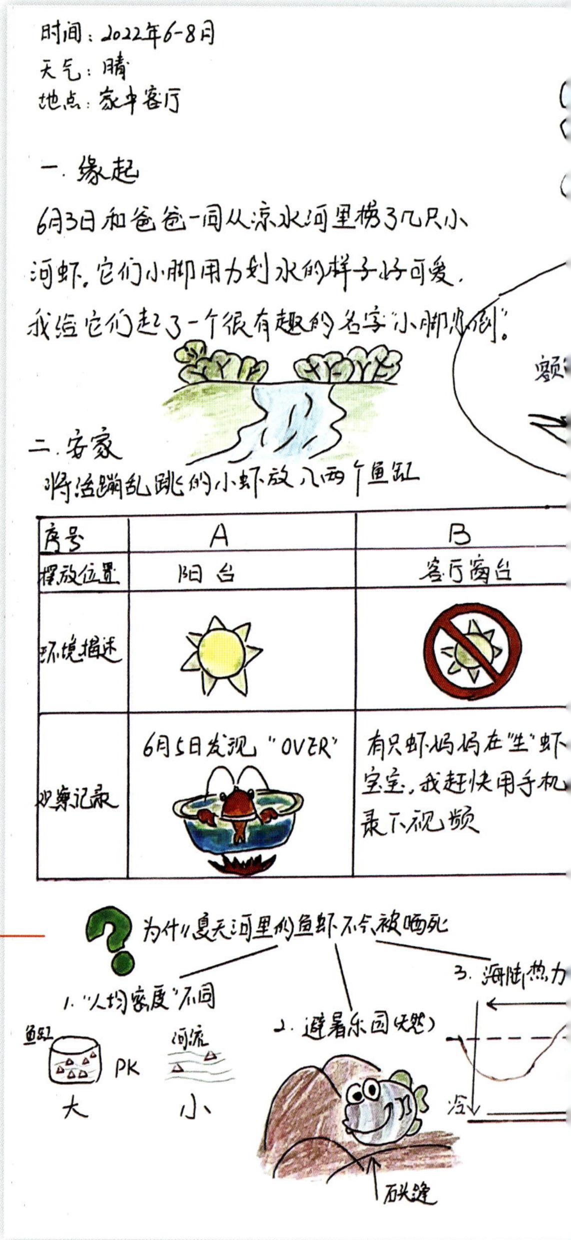

明确的
研究目标

小河虾观养日记
作者：郭宸瑄（一年级）
北京市第二中学经开区学校
指导教师：李明

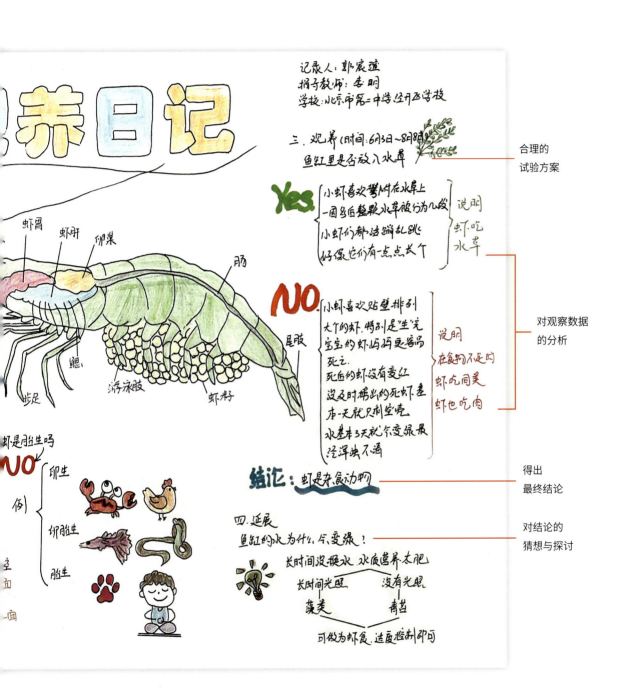

养日记

记录人：郭宸瑄
指导教师：李明
学校：北京市第二中学经开区学校

三. 观养（时间：6月3日~8月8日）
　　鱼缸里是否放入水草

Yes. 小虾喜欢攀附在水草上
一周多后整颗水草被分为几段
小虾们都活蹦乱跳
好像它们有一点点长个

　　　　　说明
　　　　　虾吃
　　　　　水草

NO. 小虾喜欢贴壁排列
大个的虾，特别是"生完
宝宝"的虾妈妈更容易
死亡.
死去的虾没有变红
没及时捞出的死虾差
不多一天就只剩空壳
水基本3天就会变绿最
经浑浊不清

　　　　　说明
　　　　　在食物不足时
　　　　　虾吃同类
　　　　　虾也吃肉

结论：虾是杂食动物

四. 延展
　　鱼缸的水为什么会变绿？

长时间没换水　水质营养太肥
长时间光照　　　没有光照
藻类　　　　　　青苔
可做为虾食　适度控制即可

虾腮　虾肝　卵巢
　　　　　　　　　　肠
尾肢
鳃
游泳肢　　虾籽
步足

虾是胎生吗
NO
卵生
卵胎生
胎生

合理的
试验方案

对观察数据
的分析

得出
最终结论

对结论的
猜想与探讨

《蚊》这篇自然笔记作品，如同一篇详尽的北京地区常见蚊子类型科普手册。作者展示了身边常见蚊的结构、生活史，以及三种蚊子的特点，还对不同类型的蚊子进行了分类介绍，通过对比外形特征、活动特点、传播媒介，让读者能够轻松区分并了

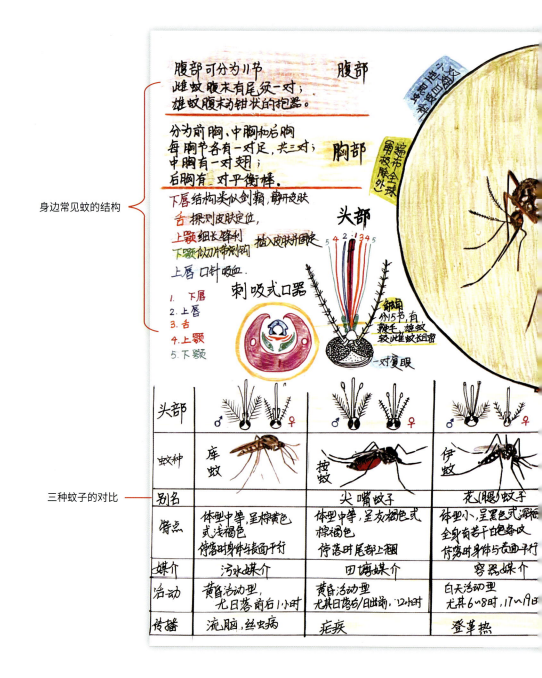

身边常见蚊的结构

三种蚊子的对比

解各种蚊。相信如果下次被蚊子咬到，读者定能凭借这篇自然笔记，准确地说出是哪一种蚊。

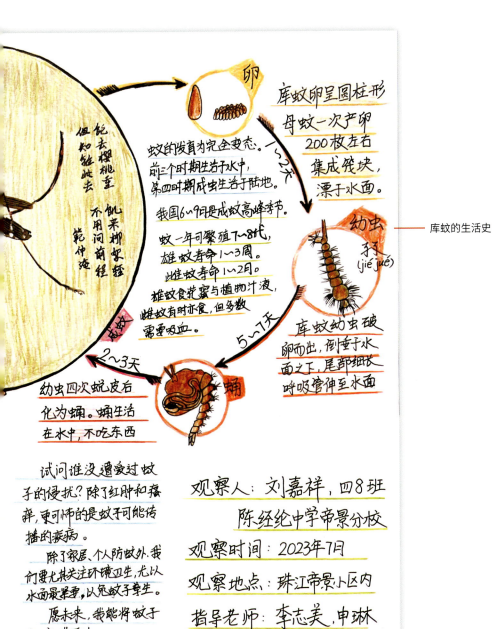

库蚊卵呈圆柱形
母蚊一次产卵
200枚左右
集成筏块，
漂于水面。

蚊的发育为完全变态。
前三个时期生活于水中，
第四时期成虫生活于陆地。

我国6~9月是成蚊高峰季节。

蚊一年可繁殖7~8代，
雄蚊寿命1~3周，
雌蚁寿命1~2月。
雄蚊食花蜜与植物汁液，
雌蚊有时亦食，但多数
需要吸血。

库蚊幼虫破
卵而出，倒垂于水
面之下，尾部细长
呼吸管伸至水面

幼虫四次蜕皮后
化为蛹。蛹生活
在水中，不吃东西

库蚊的生活史

卵 · 幼虫孑孓(jié jué) · 蛹

1~2天 · 5~7天 · 2~3天

饶去樱桃重
不用问前程
但知钻此去
饥来柳家钿
乾仲施

试问谁没遭受过蚊
子的侵扰？除了红肿和瘙
痒，更可怕的是蚊子可能传
播的疾病。

除了家居、个人防蚊外，我
们要尤其关注环境卫生，尤以
水面最要紧，以免蚊子孳生。

愿未来，我能将蚊子
彻底消灭！

观察人：刘嘉祥，四8班
陈经纶中学帝景分校
观察时间：2023年7月
观察地点：珠江帝景小区内
指导老师：李志美、申琳

蚊
作者：刘嘉祥（四年级）
陈经纶中学帝景分校
指导教师：李志美、申琳

《2022年12月天气记录表》《2023年1月天气记录表》这两篇自然笔记以其严谨和科学的态度，展现了小朋友对自然现象深入观察和分析的能力。小朋友准确记录了两个月内每天的天气情况，如晴天、多云、阴天，还有风力等信息，并将这些观察结果系统地整理到表格里。更出色的是，她还运用折线图这一直观的工具，将复杂的

用表格形式详细记录 2022 年 12 月每天的天气情况

可爱的心情指数标识

用折线图展示 2022 年 12 月的气温变化，让人一目了然

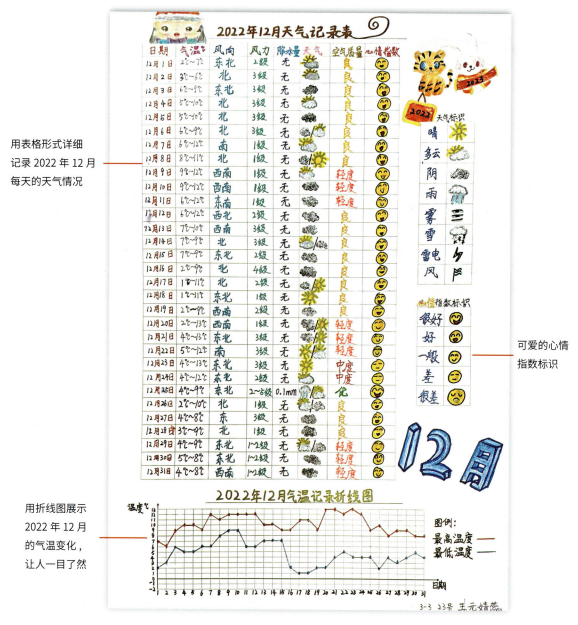

2022 年 12 月天气记录表

作者：王元婧蕊（三年级）　四川省成都市锦江区盐道街小学得胜分校　指导教师：潘莹

天气数据转化为易于理解的图形，清晰地展示了每个月的天气变化。这两篇自然笔记不仅表达出小朋友对自然的热爱与好奇心，更彰显出自然笔记在科学研究中具有重要的考证作用。

用表格形式详细记录 2023 年 1 月每天的天气情况

可爱的天气标识

用折线图展示 2023 年 1 月的气温变化，让人一目了然

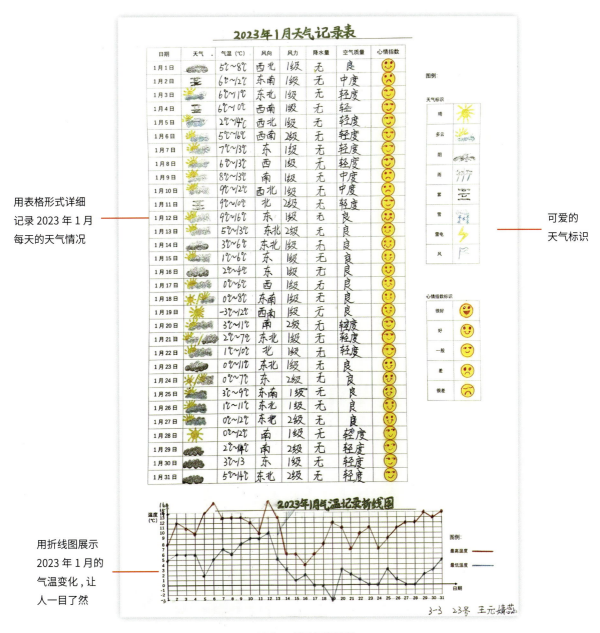

2023 年 1 月天气记录表

作者：王元婧蕊（三年级）　四川省成都市锦江区盐道街小学得胜分校　指导教师：潘莹

（五）深刻思考型

    该类型的自然笔记是最能体现作者思想深度的一类作品，往往展现着作者对自然物细致入微的观察和深入的思考。作者擅长从人们经常忽视的角度捕捉细节，还会在观察过程中不断提出疑问，并从多个角度分析观察结果。这类作品往往体现出作者对自然的敬畏与热爱。

    我们的身边有一种常见但不引人注意的小草，它通常贴地而生，长长的叶柄连着卵圆形的叶片，宛如小巧的汤勺。这种草就是附地菜。整棵植株的叶柄呈中心放射状排布，有一种别样的美。它的花朵小而精巧，还没有小作者的小指指甲盖大，很多人都会忽视它。小作者却对它进行仔细观察，还把它与人们熟知的荠菜进行区分。这独特的视角让人意识到，生活中的每一处细节都值得关注和思考。（需要注意的是，小作者绘制的附地菜有些地方不准确）

附地菜

观察时间：5月4日
观察地点：公园

今天，我来公园观察植物，一眼就被这个不起眼但小巧精致的小东西吸引了，它叫"附地菜"。

花如其名，它的茎铺散在地上，多呈丛生，密集，基部有很多分支，上面还有短短的绒毛。

附地菜的叶

- 有叶柄
- 叶片匙形
- 基生叶呈莲座状

附地菜的花

- 花冠淡蓝色或粉色
- 花萼裂片卵形，先端急尖
- 花药卵形，先端具短尖

手指

花小而精巧，还没有小指的指甲盖大

常见生长环境：

农田里 小路旁 树丛中 山坡上

如何区分附地菜和荠菜？

多去公园观察了几次后，我发现了一个有趣的现象：人们常常分不清附地菜和荠菜这对"好兄弟"。但其实它们的外观还是有很多不同的，我们一起来看看吧！

附地菜 VS 荠菜

- 叶子有绒毛
- 叶子形状圆钝
- 花冠淡蓝色或粉色
- 花期5~6月
- 大约高5~30cm
- 花朵直径约为1~2mm

- 叶子无绒毛
- 叶子有齿缺
- 花冠白色心形
- 花期3~4月
- 大约高30~40cm
- 花朵直径约为2.5mm

附地菜 VS 荠菜
作者：白晋祎（七年级） 北京中学二分校
指导教师：荆文哲、程丹凤

《车轴草离开了公园》这幅作品明显带着小作者的思考。最初，他被生机勃勃的车轴草吸引，喜欢上它们并开始观察，发现略带仙气的白色车轴草叶片昼开夜合。随后，他突然知道了车轴草是入侵物种，会影响公园其他植物的生长，于是小作者的态度发

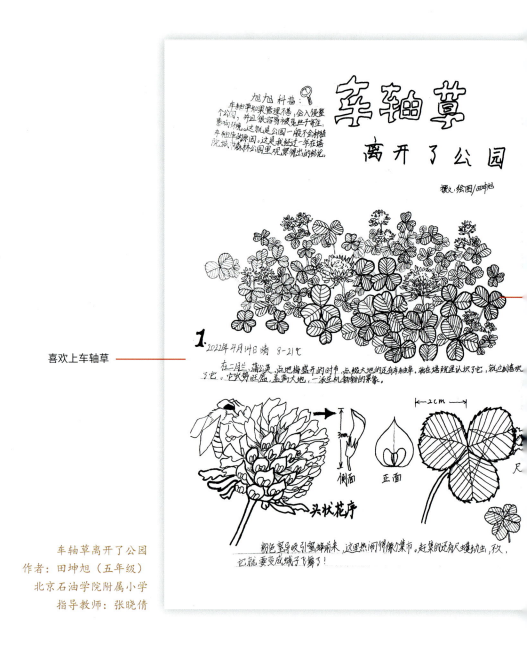

喜欢上车轴草

车轴草离开了公园
作者：田坤旭（五年级）
北京石油学院附属小学
指导教师：张晓倩

生了转变，希望车轴草能够快点离开公园。这幅笔记反映了小作者的内心世界。对生物和环境的思考，不仅体现了他的环保意识，还展示了他对自然的尊重和敬畏。

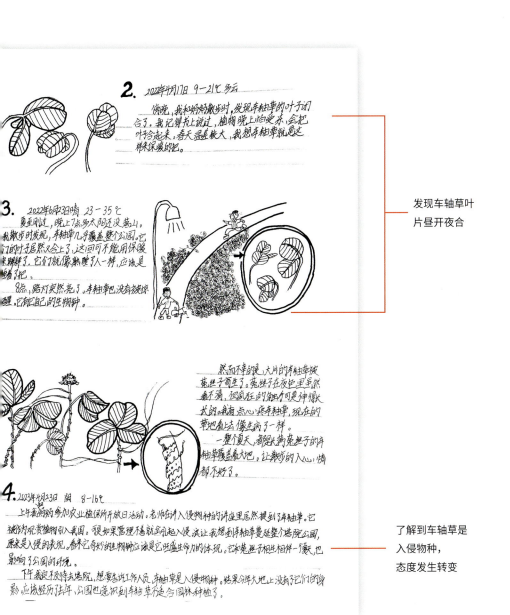

发现车轴草叶片昼开夜合

了解到车轴草是入侵物种，态度发生转变

（六）天马行空型

　　这类自然笔记着重刻画作者对自然深厚的情感，以及对自然与人和谐共生理念的思索。它的独特之处在于作者被自然物激发的无限遐想。作者不满足于描绘自然物的表面特征，而是任由思绪飞扬，将自然物拟人，展现出一个充满诗意的神奇世界。在这类自然笔记中，作者不仅仅是记录者，更像是梦想家，善于将普通的自然景象转化为奇幻的画卷，让自然物充满了活力和故事。他们笔下的自然物仿佛有灵魂和情感，与人建立起奇妙的联系。这类笔记往往以文字的形式呈现，当然，还有其他的方式，它们在自然笔记作品的某个角落彰显着作者的想象力。

春天的天空

张婉知　9岁

春天的天空，

是白色的，蓝蓝的天上飘着朵朵白云，

清澈又高远。

春天的天空，

是黄色的，蓝蓝的天上绽放层层蓓蕾，

明媚又灿烂。

春天的天空，

是粉色的，蓝蓝的天上洒落片片花瓣，

甜蜜又美好。

春天的天空，

是绿色的，蓝蓝的天上点缀簇簇新芽，

生机又盎然。

春天的天空，

是彩色的，

我很喜欢它！

这是一首诗，也是一篇文字版的自然笔记。小作者通过细腻的笔触和丰富的意象，在描绘春天的天空时巧妙地融入各种元素——蓓蕾、花瓣、新芽等，展现出与众不同的观察视角，凸显了春天的美丽和生机，也表达出小作者对生命和自然的喜爱与赞美。

二　创意的表达

一幅生动的自然笔记，不仅需要独特的内涵，还需要有创意的表达。虽然自然笔记的图文大部分应真实、客观，但我们仍有发挥创意的空间，主要可以通过以下方式实现：用文字表达感受，图画采用多种呈现方式，将版面设计得精彩独特等。创作者的文字如溪水流淌，细腻地描述自己在自然中的奇遇，展示自然之魂；图画宛如彩蝶翩翩，以手绘、剪贴、摄影等形式，展现自然之美，每一幅画面都是生命瞬间的定格；版面设计若匠心独运、布局巧妙，便能使自然笔记犹如一幅幅生动的画卷。

（一）文字的描述

自然笔记作品中的文字，以作者的观察和感悟为主，只要是符合记录者年龄与心理状态的真实表述，就是最好的表达。

叙述的类型、表达的方式、字体与字号都能在一定程度上影响整幅自然笔记。作者可以用轻松的语言如实记录自己看到的自然物的特征，比如："在高大的柿子树下，捡到了一片与众不同的柿树叶——一枚心形的树叶，要知道一般的树叶可是长椭圆形的，看到这枚特殊的带着红色边缘的心形树叶，自己的心情都跟着美丽起来。"也可以呈现作者与大自然之间的对话与故事，比如："走在高大的悬铃木树下，突然听到'咚咚咚咚'的声音，一定是有啄木鸟在工作，循着声音望去，隐约看到飞羽末端黑白相间的斑纹，应该是一只辛苦工作的大斑啄木鸟。正要细细看它，结果它仿佛发现了我，刺溜一下挥着翅膀飞走了。"

当然，一首即兴的诗歌、一段科学严谨的文字也是好的表达方式。如《蚂蚁的邻居》这幅作品，首先，标题用了拟人化的表达，非常有趣可爱。其次，蚂蚁的邻居是它生活环境里的各种植物，反映出作者对于蚂蚁与植物关系的观察与理解。最后，通过对蚂蚁一系列行为的描述，使得整幅作品更加生动活泼。

这些植物和菌类都是蚂蚁的邻居

标题拟人化，有趣可爱　　　　　　　　　　　　　对蚂蚁行为的描述

蚂蚁的邻居

作者：阮晨曦（六年级）　北京交通大学附属小学

指导教师：李楠、房蕾

"每当有微风吹过，白皮松的针叶会发出沙沙的声音，仿佛是大自然的低语，让人感到宁静与祥和。我还听到了轻微的破裂声，那是白皮松树皮脱落的声音，像是大自然为它换上新衣服的欢呼。"

细腻的文字

褐色的树皮和
深灰色的树皮

《会"换衣服"的白皮松》这幅作品中细腻的文字让读者感受到作者在自然里的放松与享受，在这个瞬间，风、白皮松、自然、作者成了知音，心照不宣。

松子可食用

会"换衣服"的白皮松
作者：陈岱青（四年级）　北京铁路实验小学
指导教师：高琳

（二）图画的呈现

图画往往使自然笔记在视觉上更具吸引力，一般包括手绘图、剪贴图、照片以及部分实物（标本）。手绘图运用不同的绘画材料，是最能体现作者绘画技法的方式；剪贴图采用色块和形状的拼接，更适合低年级的小朋友；照片则更能反映记录时观察物的瞬时状态，是最为省时的方式；部分实物（标本）则更能反映记录时观察物的客观状态，当然有些观察物会随着时间的推移而变得面目全非。

每一种图画的呈现方式都有其独特的魅力和表现力。在创作自然笔记时，应该根据主题和情感的需要选择，适合自己的方式就是最好的。当然，在一幅自然笔记作品中，也可以在画面协调的前提下，恰当地运用不同的图画类型，使画面更加丰富多样。

这幅《城市中的猎手——红隼》作品中，作者用彩铅在画面的左下角绘制了红隼头部，细节丰富。带着小钩的鸟喙、犀利的眼神，都透露出红隼的猛禽本性。

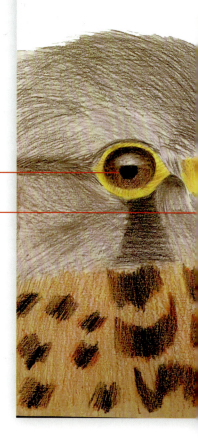

犀利的眼神

带着小钩的鸟喙

红隼动作极其迅猛，行动快如闪电往往不被我们察觉。大多数观察的时候，它会借助气流像一只风筝定在空中一动不动。

红隼身材较小，很多次争斗都会获胜，有时喜鹊夫妻就能打得他落花流水，十分狼狈。鸠占鹊巢里的"鸠指"的就是红隼，"鹊指"的就是喜鹊。

红隼是一位合格的猎手，城市里的老鼠麻雀都是它的美味佳肴。

北京市西城区复兴门外窦一小学六年级1班王彭煜洋

红隼已经适应了在我们这满是钢筋水泥的城市里生活，有时一个百叶窗就是一个安乐窝。

观察时间：2023年5月至9月
观察天气：多晴好，能见度高，空气质量优
观察地点：顺义机场地区
北二环德胜门地区
北京野生动物园
百望山 森林公园
参考文献：博物大百科
百度百科

城市中的猎手——红隼
作者：彭煜洋（六年级） 复兴门外第一小学
指导教师：穆清馨、果晓将

《猛禽黑翅鸢》这幅作品，小朋友采用剪贴的方式精心创作了图画部分，包括中间的主体、左侧的生活地，以及右侧的大环境，彰显了小作者的创意。

生活地

3 2023年7月25日，天气晴。

中午时分，千岛湖畔特别炎热，大部分鸟儿都躲起来了。偶尔有麻雀和白头鹎飞过枝头，我突然发现湖面上空出现了一群鸟，我赶紧拿起望远镜观察。大部分是剪刀尾的黑鸢，还有一只小个头的红隼。我还通过颜色辨认出一只黑翅鸢。中午这么热，怎么会有这么多猛禽在水面上空出现呢？

我查资料后才知道，我们运气爆棚遇到了"鹰柱"！正是因为中午天气炎热，水面蒸发，产生升腾汽流，这些猛禽可以像搭电梯一样随着气流上升，它们只要展开翅膀，就无需扇翅，就会越盘越高，特别省力。这样的的鹰柱并不常见，太壮观了！

大鸳 尾部扇形

黑鸢 尾长而略分叉

红隼 尾端通常较平

大环境

猛禽黑翅鸢

作者：韩熙悦（四年级）　北京市陈经纶中学分校望京实验学校

指导教师：胡雯婷

《瓢虫观察日记》这幅作品，小朋友则采用了粘贴照片的方式细致地创作了图画部分。

瓢虫观察日记

作者：邢语芃（二年级）　培星小学

指导教师：张宁

《通过观察，区分松柏》这幅作品，小朋友将摄影与手绘插图结合起来，创作了图画部分，也很有创意。

通过观察，区分松柏

作者：张雨晗（五年级）　海淀区民族小学

指导教师：李艳红

《银杏叶》《马褂木和水杉》这两幅作品，两位小作者都是在植物标本的基础上进行手绘创作，趣味十足。

时间：2020年8月3日
地点：原香漫谷小区内
天气：晴

上午，妈妈带我下楼玩。我弯下腰，拾起一片银杏叶，仔细地观察。

银杏叶很特别，呈扇形，叶缘是波状线，一般长5.5~7.0厘米，最短仅2厘米。叶子一般在中部有一条较深的裂纹，使叶片分成大致相等的两半，每一半有2~4次浅裂；叶柄是由许多叶脉集合而成的纤维管束群。

银杏叶像一把小扇子，又像鸭子的脚蹼，还像开屏的孔雀，像飞舞的小蝴蝶。它的叶面黄绿相间，里层和外层浅绿，中间一层和紧靠外面一层浅黄。银杏叶的茎在伸展处，两旁的边都在往里卷曲着。它像大自然精心制作的工艺品，非常精致。

一片银杏叶像一棵银杏村的孩子，都是有生命的。

小小的银杏叶藏着很多有趣的东西。

我喜欢美丽的银杏叶！

银杏叶
作者：王馨予（一年级）　房山区城管小学新城校区
指导教师：尹春彦、李航宇

杂交马褂木的
树叶标本

Secretamente, entre la Sombra y el alma.

水杉 杉科 水杉属

Metasequoia
glyptostroboides
Hu et Cheng.

苏豫
2018.12.01
杂交马褂木 栏科 鹅掌楸属
Liriodendron chinense × tulipifera

马褂木和水杉
作者：孙楚璇（三年级）
陈经纶中学安园分校
指导教师：庄重、王继

手绘的树叶，周围用种
子进行装饰。标本与手
绘的结合，让画面变得
丰富和灵活

（三）版面设计

版面设计涉及文字排版、图画布局、色彩搭配与空间利用等多个方面。好的版面设计能使整幅自然笔记作品引人入胜，主题突出，层次分明，为作品增彩。

如作品《百日草》以圆圈的大小来表示植物的生长阶段，并添加颜色区分植物在每一个生长阶段的状态。

播种　　2022年4月7日

百日草的花真漂亮呀！看着包装上的图片，我就迫不及待开始种了。我用家里的废旧油壶做了十花盆，这个花盆可不简单，把油壶剪成两半上下叠加，用火烧螺丝刀烫出一些小孔，放上一根棉线可以起到自动浇水的做用呢。有了花盆就可以种植了，种植可是件精细活。

发芽　　2022年5月12日

转眼已经一个月啦，真快呀。真是经历了伤心与惊喜，第一次种的百日草只活了两支，我总结是因为浇水太多我没有夹心，又里东折找来花盆种了一盆。哇！长得太好了。看，这些小嫩芽真是可爱，我鉴证了他们从夫委夫委的2片叶子越长越多，有外翻的，形态丰富。

百日草

中心及最小的圆圈
表示百日草的种子
和播种的过程

最大的圆圈表示百日草的开花阶段

长叶 2022年6月8日

百日草已经比我的腿长了。每天为它浇水，它每天都在小悄悄地长高。现在它的叶子已经有13片了。因为第一次种也直失败，我重新种了种种，后来进行对比观察，我发现种植过于密集的就花茎就大的笔直，看来我们要注意花与花之间的距离呀。现在看着我的越长越高就是高兴。

开花 2022年 7月3日

随着时间的流逝，我的百日草越高，慢慢的长出了第一个花骨朵，过了几天第二个花骨朵也出来了。最先开的一朵是土登麦色的，花瓣是一点点变多的层数。第二朵是玫瑰红色的它竟然长出了很多层，两朵花长得不一样！

较小的圆圈表示百日草的发芽和长叶阶段

播种到开花

百日草

作者：郭垌瑶（三年级3班）　北京市海淀区中关村第一小学西二旗分校

指导教师：吴锦莲、侯晓颖

《豌豆成长记》则利用豆荚的形态突出作品主题，以豆粒的排列来表达植物的生长阶段。

豆荚的形态突出自然笔记的主题

将豌豆的不同生长阶段置于豆荚中，以剖面图形式呈现，生动地展示了豌豆的生长过程

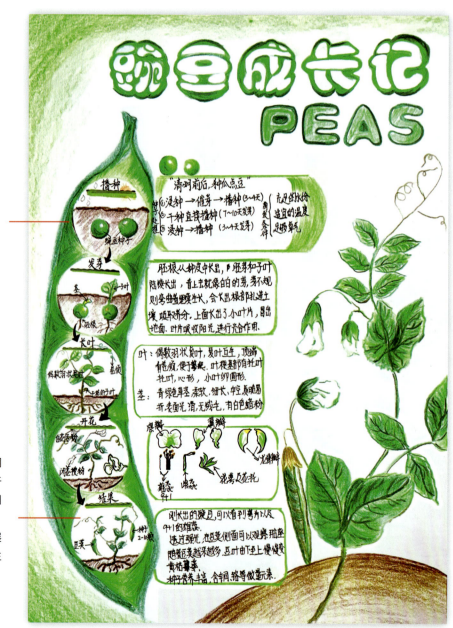

豌豆成长记
作者：丁奕凡（八年级）　北京第二十中学
指导教师：刘晨曦

如何设计出好的版面呢？往往需要好的创意。我们又该如何寻找好的创意呢？也许真实的观察与感受是第一步，观察物本身有哪些特点？它与环境如何互动？寻找到这两个问题的答案，往往能使你更为贴切地表达自己的发现与思考。当然，自然笔记最重要的还是呈现的内容，这在一定程度上反映出你看待自然的态度和理解事物的角度。

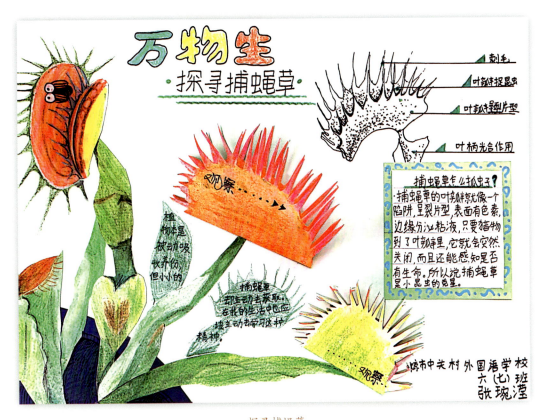

探寻捕蝇草

作者：张琬滢（六年级）　北京市中关村外国语学校

指导教师：陈丝

三　优秀作品赏析

在理解自然笔记的多样类型和创新表达手法后，我们可以进一步通过赏析，来领悟一幅优秀作品是如何巧妙地融合各种要素的。欣赏这些作品时，我们可以发现它们有很多值得学习的地方：有些作品特别关注生物多样性和环境保护，呈现出独特的观察视角和长时间的观察成果，展示自然的美丽和奇妙；有些作品的语言生动流畅，以文字吸引人；还有些作品有漂亮的版式和图画。这些作品不仅让我们看到了自然的美丽，还让我们在阅读的过程中感受到心灵的触动。现在，相信你已经对自然笔记的丰富内涵与多样形式有所了解。接下来，让我们一同欣赏一些小朋友和大朋友创作的自然笔记，探索他们是如何通过自然笔记表达自己在自然中的观察与探索的吧。

滩涂上的鸟

作者：王雪漪（三年级）　清华附中朝阳学校小学部

赏　析

　　该幅自然笔记作品记录了北京通州北运河地区4月份鸣禽、涉禽、游禽三大生态类群共15种鸟类的形态和行为，展现出特定时段与地域的鸟类多样性。同时，作品关注到鸟与贝类等食物的关系、人与鸟的小矛盾，反映出作者对食物链、人与动物之间关系的思考。

　　每种鸟的形态与行为的描述都非常贴切与真实，这些描述往往是识别这些鸟类的重要依据，通过画面能够感受到这些是作者经过长时间的观察得出的结论。同时作者注意到了每种鸟在环境中的位置不同，有些在天空中，有些在水面，有些在滩涂上，这也符合不同鸟类生态位的差异与基本特征。

　　作者利用望远镜，观察到了部分鸟类的形态和行为，体现了作品的真实性。同时，将望远镜简图与滩涂建筑元素加入作品，体现了作者的巧思，提升了画面的美感与协调性。

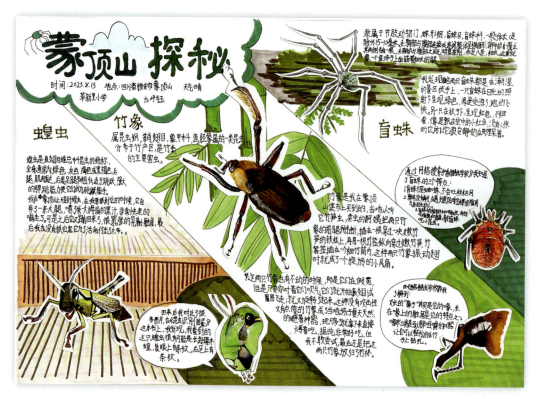

蒙顶山探秘

作者：古坪钰（五年级） 革新里小学

指导教师：褚莹

赏 析

作者自述："今年暑假（2023 年 8 月 13 日）我到四川雅安市的蒙顶山旅行，在蒙顶山上不仅了解到了茶文化，还看到了美景以及红军留下的碑文。在登山的过程中，还观察到了很多日常看不到的昆虫小动物。我选择了我喜欢的，留下印象深刻的三种进行详细介绍。"

这是一幅让人印象深刻的自然笔记作品，内容真实、构图巧妙、画面美观、细节丰富、记录翔实，整体画面和谐、风格统一。欣赏作品的人能够感受到小作者与三种小动物之间有趣的小故事。

经过特别设计的标题位于画面的左上角。水彩笔勾勒出的云朵、若隐若现的山峦、一只简笔画小蜘蛛，凸显出"蒙顶山探秘"这一主题。画面斜分成三个部分，每一部分聚焦一种小动物。台阶上的蝗虫、竹叶上的竹象、长满苔藓的扶手上的盲蛛栩栩如生。为了凸显每种小动物，小作者采取了剪贴的方式，特意将它们画出后剪下来，粘贴于场景中，宛若活物。

画面左侧，主角是一只蝗虫。文字部分详细记录了小作者和这只蝗虫的邂逅与互动。此外，基于对蝗虫细致的观察——"复眼上有条纹"，她还查阅资料，尝试对蝗虫的具体物种名称进行考证。这种细致的观察和科学的考证突出了自然笔记的特点——在追求美观的同时，更注重科学性和准确性。

画面中间，静静趴在竹叶上的竹象仿佛正在享受片刻的宁静，足上的利刺清晰可见，翅上的纵纹质感细腻。小作者详细记录了这只竹象的来源，与画面上竹象左侧前足缺失的部分相呼应。最后将竹象放归山林的行为，彰显了小作者关爱和尊重小动物的态度。同时，小作者还将自己从科普读物中吸取的知识，如实地记录在作品中。

画面右侧，两只色彩各异的盲蛛相映成趣。小作者生动地描绘道："一只盲蛛在日光的照射下呈现绿色，像是受惊了，跑得飞快。"展现出小作者对于细节的敏锐捕捉和对自然的感悟。

总的来说，这幅自然笔记作品不仅有美丽的画面，而且营造出一个充满故事和情感的世界。小朋友通过细腻的绘画和生动的叙述，将我们带入了她与三种小动物相遇的奇妙旅程，让我们感受到自然的魅力和生命的灵动。

舌尖上的泰兰德

作者：王鹏　北京市少年宫（北京教学植物园）

赏　析

　　这篇笔记宛如一部生动的旅行美食日志，弥漫着烟火气息。作者以轻松自在的笔触，记录下在泰国旅行期间品尝的各种美食，令人感受到作者在忙碌的工作间隙享受旅行的愉悦与惬意。

　　各式各样的泰式食物错落有致地分布在画面上，看似随意，色彩搭配却和谐统一。圆润的形状更增添了随性与自在，使得整个画面清新有序。每一种美食都被精心描绘：芭蕉叶小盒、泰国特色饭食、形似枇杷的异域水果，以及热气腾腾的瓦罐，它们分别占据画面的四个角落，共同构成了一幅丰富多彩的泰国美食图鉴。

细致描绘的芭蕉叶小盒，从食物样品、制作工具到食材一应俱全，配以解释性的文字，让读者也能亲手制作出这道异国佳肴。典型的泰国饭食——冬阴功米粉，则以其独特的口感和异域风情，满足了旅行者对异乡美食的渴望。形似枇杷的水果外观奇特，激发了作者的好奇心和探索欲。色彩最为浓重的瓦罐，似乎象征着作者在这次美食之旅中得到了极大满足，也提醒着人们不仅要阅读和看旅行攻略，还需亲自去品尝和体验，才能真正感受到当地的美食文化。

值得一提的是，"干饭小结"这一巧妙的设计被置于杯子中央，杯柄上悬挂的标签仿佛定格了这个美好的瞬间。这种布局使得整个画面更加生动有趣，也让人感受到美食与美好饮品之间的完美契合。

这篇笔记展示了自然笔记的另一种独特魅力：不强求、不刻意、不拘泥于形式，而是凭借内心的真实感受去记录和表达。在这样的自然笔记中，我们看到了作者对生活的热爱、对旅行的向往以及对美食的执着追求。这种随性而为、自得其乐的态度，正是自然笔记最吸引人的地方。

黄金螺观察笔记

作者：闫悦晴（五年级）　中国人民大学附属小学　指导教师：白婧

赏　析

　　该幅自然笔记作品连续观察并记录了黄金螺的生长与繁殖过程，同时捕捉了它们在这一过程中行为与外形特征的变化。六个记录节点，却不止六个发现和思考。作为六一儿童节礼物的黄金螺，也成为人生的礼物。

　　整幅作品的文字非常丰富和翔实，同时也细腻有趣。黄金螺的"出逃"，搬家到"避暑山庄"，产下如"珍珠"般的卵。这些可爱而具体的形容，让人觉得这黄金螺好像就在眼前。除此之外，从文字部分能看到黄金螺的生活环境、饮食起居等方方面面的信息。最美好的是，小作者通过文字表达出自己对黄金螺的观察、发现与思考，以及在观察过程中人与动物之间的互动，人与人之间的互动。

　　虽然作品画面非常紧凑，但数字与观察日期的呈现能让人在众多文字中找到顺序与逻辑。同时每个观察节点的图画有大有小、主次分明，也能让人抓住作品的主题。另外，艺术字的颜色采用了黄金螺色调，使整幅作品看起来比较和谐。从放大镜下的小黄金螺、植物的姿态、标题文字上的黄金螺简笔画、鱼缸壁上吸附的小螺都能看出来小作者在作品排版与呈现上的用心。

秋英 (9月11日晴)

秋英的高度超过1米，触摸叶子，
会有麻酥酥的感觉。它的种子会
落在原地，每年都会生根发芽。

(海淀公园)

莲蓬 (9月11日晴)

莲蓬有十几到二十几个孔，
每个孔里都有一个又圆又硬的
莲子。

观察地点：海淀公园

自然笔记——多样的秋天

山葡萄 (9月12日雨)

山葡萄颗粒太小，籽多，表皮附有白色粉末。
虽然个头小，但是样子和味道都同葡萄极为相似，
甚至比葡萄更甜，更好吃。

观察地点：姥爷家院子

辣椒 (9月12日雨)

白色的辣椒花凋谢后，就会结出青色的辣椒，
辣椒成熟后，就会变成红色。(姥爷家院子)

多样的秋天

作者：赵宥同（10岁）　海淀区八里庄小学　指导教师：刘艳伶

赏　析

　　该幅自然笔记作品记录了公园和家两个场景中的 4 种植物，共同组成了一幅小作者眼中秋天的画卷。虽然作品中的记录时间只有两天，但从对秋英和辣椒的种子和果实的文字描述中，能看出小作者进行过连续观察。

　　小作者除了用眼睛对 4 种植物的不同特征进行观察，还在安全的前提下，品尝了山葡萄的味道，触摸了秋英的叶子，数了莲蓬的孔洞。一系列的动作都体现出小作者对于身边植物的好奇心与探索欲。

　　整幅作品虽然很简约，没有华丽的配色和喧闹的语言，但对每一种植物的描绘和描述都形象而具体，观感舒适，从中能感受到宁静的力量。

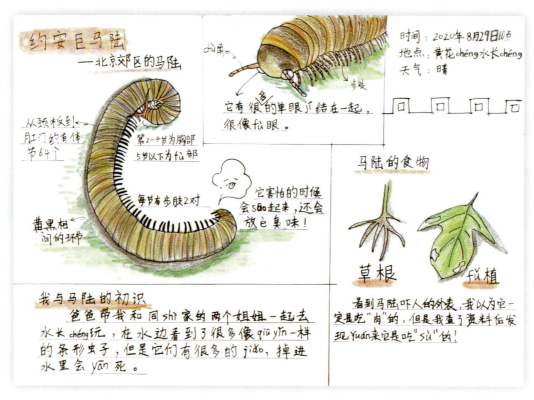

约安巨马陆

作者：刘雨桐（7岁）　中关村第二小学

指导教师：左小珊

赏　析

　　这幅约安巨马陆的自然笔记作品，出自一位一年级小朋友之手，笔触稚嫩，风格纯真质朴。

　　小朋友或许无法完美还原约安巨马陆的每一个细节，但从文字描述中，我们依然可以感受到她细致的观察。"黄黑相间的环节""每节有步肢2对"的描述、放大后的触角与步肢的细腻刻画，以及马陆食物等的绘制，都显示出小朋友在努力遵循科学性原则，力求将自然笔记做得更加准确。年仅七岁的她，已经开始了自然笔记的探索之旅，与平时常见的科学小报截然不同。她更注重真实记录自己观察到的约安巨马陆的外形，通过查阅科学资料，还对其结构进行了科学准确的描述。

　　此外，小朋友还清晰地记录了时间、地点，甚至画出了长城城墙的结构，这既是对观察对象的生动描绘，也是丰富想象力的展现。

　　无论你几岁，只要敢于动笔，哪怕是简单的简笔画，只要配上认真观察后记录的文字，再辅以一些科学资料的学习，相信你一定能够收获满满。

第四章

用心感知，用手记录
——自然笔记的创作之路

如何与自然联结？
观察自然要充分地运用"五感"
记录与创作
展示与交流

一　如何与自然联结?

人类是大自然中的一员，在自然中诞生、发展，也在自然中建造栖息地，如乡村和城市。看见一只蝴蝶飞过，看到花儿开放，人们往往会有发自内心的喜悦。这种情感，正是来自人类与自然的联结。

自然联结指的是个体在认知、情感和体验上与自然的紧密联系，包括了个体对自然的认同感、持有与自然紧密相关的世界观、对自然的熟悉程度、在自然环境中的舒适感，以及个体待在自然中的意愿。自然联结反映了个体与自然之间的亲密关系——情感上对自然的依恋，认知上将自然视为自我的一部分，身体体验上感受到自然的吸引力，愿意与自然共处。

人类与自然的联结与生俱来。但近些年，久居城市的人们似乎更愿意面对电脑，而不是去大自然中体验，或是对大自然认识不多，患上了"自然缺失症"，还有人说住在城市的"鸽子笼"里，脚踏水泥或者柏油路，天天面对电脑和手机，根本见不到大自然。

不过，亲近自然真的很难吗？

走到户外感受风吹日晒，无论凉风习习还是骄阳似火。观察花草树木，和飞鸟、虫子交友，与云朵、土地对话，和山川、大海交流……

在家中种花种草、养鱼或者养其他小动物……

在屏幕上观看植物和动物的趣味视频，或是看飞鸟、花朵、山川等图片……

这些都是亲近大自然，都是与自然联结的方式。

（一）在户外亲近自然

爬山、赶海、溯溪、露营、观星、观鸟、钓鱼、徒步……都是亲近大自然的户外活动。

走到山林中，呼吸泥土的气息，聆听飞鸟的歌唱和小虫的呢喃，吹一吹山风；

踩在海边松软的沙滩上，感受沙子在脚趾间流动，远眺蔚蓝的海面，呼吸略带咸味的空气，听海浪拍打沙子的声音，任海风吹散头发；

躺在草地上，感受草的柔软，嗅闻花的芬芳，看蝴蝶飞舞，观云卷云舒；

掬一捧泉水或将脚浸入溪水中，感受水的清凉和流动；

在野外搭一个帐篷露营，睡前可以看看星星和月亮，听蟋蟀的鸣唱和潺潺溪流的"歌声"；

在山中野餐，闻着野花的香气席地而坐，食物中多了些山野气息。

如果你身处都市，不能去森林、草原、湿地、海洋，但你还可以到公园中感受鸟语花香，去小区里看大树、小草；还可以看看身边的植物或者动物，或是头顶的云、脚下的土，抑或夜晚的星星、路边的树；还可以去动物园看动物朋友：大象是不是用嘴喝水？如何用鼻子卷草？河马游泳的姿态，老虎和熊猫睡觉的模样，猕猴宝宝在妈妈怀里吃奶的表情，顽皮的金丝猴跳来跳去的样子……

观察大自然中的生物或非生物，人们也许会惊叹于自己看到的细节或被看到的情景治愈，也可能只是缓解了疲劳和焦虑……记录观察的对象，不仅仅是一种记录，还是与这些事物产生联结、与大自然亲近的方式。与大自然接触，你的感觉和思考都与日常生活中有所差别，或许会受到很多启发。

有条件的话，你还可以在户外种植，种花花草草，种瓜果蔬菜。在种植过程中不仅能与土地亲密接触，还可以在不同的季节，收获赏心悦目的花草或者美味的蔬菜瓜果。种植和管理植物是一种劳动，也是身心与自然交流的好机会，你不仅能获得劳动的果实，而且还能获得大自然的馈赠。

（二）在室内亲近自然

不能到户外的时候，家就是我们接触自然的场所。站在阳台上或窗前，可以眺望大树和飞鸟，仰望天空能看到云朵或彩虹，还有星斗闪烁、月缺月圆；在室内，可以听见蝉鸣蛙叫、风声、雨声，看闪电，听雷鸣……这一切活动，也是亲近大自然。

还可以在室内里养一缸鱼，闲暇时观看鱼儿游水时尾巴的摆动，感受鱼儿吃食时的欢愉。

在室内种花养草也是我们观察大自然、探索大自然的一个好途径。播种和浇水后只需等待，不出家门就可以看到植物发芽、长叶、开花、结果的整个生长过程。植物总会给人惊喜，例如种了很多年的虎尾兰在某个早晨开出美丽的花，香气弥漫整个房间。

厨房里的蔬菜也会让我们感觉到大自然的神奇。例如忘在旮旯里的土豆或者萝卜会萌发嫩绿的芽，生姜会长出毛茸茸的根。

我们还可以购买鲜切花来装点居室，将大自然的美丽带进房间。情人节的玫瑰、母亲节的康乃馨等是最容易买到的，还有香水百合，它们的香气会让人有置身花丛的感觉。

（三）接触虚拟自然

纸媒时代，我们通过书本、杂志上的图片可以欣赏到地球另一面的花开。信息互联的时代，通过远方的镜头和网络，我们可以实时观看大洋彼岸的落叶。

翻开一本与自然有关的书，就能与作者一起进入大自然。轻点屏幕，飞翔的鸟、奔跑的藏羚羊、灵动的叶与绚烂的花都出现在眼前，还可以听到雨滴的声音和天行长臂猿的啼叫……

二　观察自然要充分地运用"五感"

想要观察和记录大自然，首先要从进入大自然进行观察开始，有观察有体验有感受才有真实的记录。

人们通常以为，观察就是用眼睛看。其实不然，观察不仅仅是眼观八方，还有用耳朵听、鼻子嗅、舌头尝、肌肤感触等。观察自然需要充分调动人体的各种感知能力。除了常见的视觉、听觉、嗅觉、味觉和触觉外，平衡感、运动感等其他感知途径也同样重要。只有通过综合运用各种感官，才能更全面、细致地感知大自然的奥秘。

如果我们能调动自己所有的感官，将得到一种与仅观看完全不同的观察体验。比如在欣赏山间雪景时，我们可以看雪花的形状、雪地的纹理，听脚踩在新雪上的"咯吱咯吱"声，倾听远山溪流的潺潺声响，嗅闻松木的清新气味，感受冰雪的凉爽触感。又如在观察花草植被时，我们可以品尝野果的酸甜，用皮肤感受叶片的柔软或茎干的粗糙。通过这样综合运用各种感官，我们才能全方位感受大自然的独特魅力。所有的感官体验都会成为阅历的一部分，记录所有感觉信息会促进我们更深入地探索未知。

（一）眼观八方

遥眺山的宏大，细看沙粒的微小，感知早春的新绿与盛夏的浓绿，追踪鱼的游动与马的奔跑，远观蝴蝶的飞舞与蛇的蜿蜒……

仰望山的巍峨，远眺海的蔚蓝，俯视大江大河的奔腾不息，欣赏大树小花的生长开花，注视昆虫的跃动、小鸟的飞翔……

我们的身体里有多个能接受外界刺激的特化器官和分布在全身的感觉神经，依靠这些器官和神经，将外界的资讯和信息传至大脑。我们身体里主要的特化器官是眼睛的视觉、耳朵的听觉、口腔的味觉、鼻子的嗅觉和皮肤的触觉，统称为"五感"。其中，我们依靠视觉获得的外部信息最多，约占"五感"的 80%。对人类而言，视觉信息最容易获得，也最能够信赖，因此有"百闻不如一见"这样的谚语。

眼睛是我们最重要的感觉器官，可以获得最复杂的讯息，我们用它们来感知外界物体的大小、明暗、颜色、动静，获得对生存有重要意义的各种讯息，如高速运动的事物的轨迹，也能短暂一瞥发现草丛中潜伏的致命生物。人眼也是我们在自然观察时，最依赖和最重要的工具。

眼睛观察有很多方法，下面列举几种，用于记录自然中的美妙：

1. 多方位观察法

多方位观察法，又叫多角度观察法，即对自然对象从不同的角度进行观察，可以从前看、从后看、从左看、从右看、从上看、从下看、从远处看、从近处看。观察的位置和角度不同，会带来不同的观察结果。

观察时，应以观察对象为主，一般是从整体到局部，再抓住自己感兴趣的特点，找出它与周围环境或者生物的联系。以观察植物雪松为例：从远处观察全貌，可以采取远眺或者俯瞰的方式，这样能从视觉上获得植株的整体外形信息——雪松是塔形；从近处看雪松的局部细节，树叶是针形，有无松塔（大孢子叶球）等。多方位观察会让观察者更熟悉观察对象，让观察对象更鲜活立体，由此基础上所作的观察记录也会更丰富。

雪松　摄影：李朝霞

雪松的写生　绘者：李朝霞

思考题：仰望、俯视以及平视大树，看的虽然是同一棵树，但形态差别很大。春天里你仰望过大树没有？

平视观察早春七叶树

仰视观察七叶树

平视观察雪滴花

俯视观察雪滴花

摄影：李朝霞

2. 时序观察法

时序观察法，即按照时间先后次序对记录对象进行有目的的观察。大自然中的生物生长时序性很强，不同的时间段，会有不同的形态。

有的植物在一天的早、中、晚时分，形态各不相同。圆叶牵牛的花早晨开放时像喇叭，中午烈日照射下花瓣会卷曲得像甜甜圈，傍晚则全部舒展开。而红花酢浆草的花在日落时闭合，早晨太阳升起后，大约9点钟又再开放。睡莲的花也是白天开放，夜晚合拢。

红花酢浆草在日落后闭合　　　　　　　　　　红花酢浆草在白天开放

摄影：李朝霞

也可按照一年中的四季次序对植物或者动物进行观察。温带落叶乔木或者灌木植物在四季各有不一样的姿态和韵味。温带的一年生小草会在365天里经历发芽、长叶、开花和死亡。

观察记录对象随时序的变化，会让我们更加了解时空中的大自然变化，被大自然的魅力折服。

花时钟

　　有一些植物晴天时会在一天中的某个时段准时开放，这种现象常常被人们形象地比喻为植物"时钟"。葫芦的花会在凌晨2—3点开放；牵牛花会在4点左右张开"小喇叭"，而中午面对大太阳时就缩成一个甜甜圈，所以牵牛还有一个名字"朝颜"；木槿会在夏日里太阳升起后准时开放。春天的早上，你会在草坪上看到蒲公英的花由绿棕色的闭合状态，慢慢松动向外展开，就像伸出黄色的小舌头，8点左右完全绽放。9点左右准时开花的有郁金香、红花酢浆草、大花马齿苋等。四月，如果你在早上六七点到花园里观赏郁金香，就会发现它们的花朵就像一个个收口的高脚酒杯，花瓣在顶端合拢，只留一点点缝隙，而在太阳的照射下，郁金香花瓣会慢慢张开，9点左右就像一个个敞口的高脚酒杯了。夏日，大花马齿苋最喜欢热辣的太阳，早上8点钟花还紧紧闭合着，等到9点钟太阳有些热辣，它就会张开花瓣迎接采蜜的昆虫。紫茉莉仿佛是每天准时张开喇叭喊我们吃晚饭的花，所以又叫"晚饭花"，白天它的花缩成棒状，每天傍晚6点左右准时开放。黄色的月见草傍晚6—7点开放。昙花、仙人球、量天尺则开花更晚，要在天黑后。

　　由于植物开花受到温度、光照、地理位置、海拔高度以及天气等的影响，这些植物"时钟"有时候也不准，比如树荫下的郁金香就比太阳直射下的郁金香迟开一个小时左右，红花酢浆草在阴雨天一直不开放。

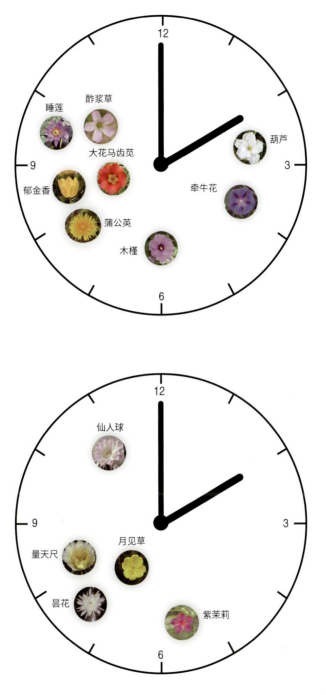

北京地区常见花时钟，上图为 0—12 点开放的花，下图为 12—24 点开放的花。
花时钟是瑞典生物学家卡尔·冯·林奈（1707—1778）首创，
表盘数字旁的花表示这种花在一天中的该时间段开放

3. 周期观察法

周期观察法，一种常用于动植物生长过程的观察法。对于熟悉的动植物，我们可以抓住一个感兴趣的周期不间断地观察，看其形态的变化，例如植物的发芽期、长叶期、开花期、结果期等，也可以就一些动物的产卵期、孵化期、交配期等进行一个时间段的观察。有的昆虫幼虫与成虫差别很大，例如蝴蝶，可以从蝴蝶的卵开始观察，卵孵化成小小的毛毛虫，再作茧自缚变成基本上不怎么运动的蛹，最后破茧成蝶。还可以在夏日的晚上，观察蝉蜕壳羽化的过程，记录这一过程会让我们更加了解蝉。

下面两张图片分别拍摄于 2022 年 7 月 18 日晚上 10：23 和 10：50，当时摄影师正在准备夏令营的夜游活动，一转身突然看到黑蚱蝉正在蜕壳羽化，就拍下了羽化周期中的黑蚱蝉。

黑蚱蝉未完全出壳　　　　　　　　　　　　完全羽化的黑蚱蝉

摄影：李朝霞

如果在家种植，观察植物就非常方便了，还可以记录种植物的重要周期，比如发芽期、长叶期、开花期或者结果期等，这样对这种植物就会更加了解，也会感觉与它更加亲近。右图是黄瓜发芽期的不同状态。

4. 联系观察法

大自然中的生物与生物以及非生物之间存在着千丝万缕的联系，进行观察记录时，观察对象的生长环境以及在其中生活的其他生物也可能会吸引观察者，可以一起记录。这样的记录不仅趣味横生，而且能说明一些生物之间的联系。

观察一棵树，可以从它的生长环境开始，在山上还是平原、在水边还是沙漠？其次可以观察树上有没有生活着其他生物。以我国常见的原生树种臭椿为例，夏天在臭椿树叶上可以观察到樗蚕蛾的幼虫，在树干上可以看到斑衣蜡蝉的幼虫和成虫，还有臭椿沟眶象在树干上缓慢地爬行等。记录这些也是探秘植物、动物以及环境之间的联系的过程。以后我们在制定决策或者行

刚发芽的黄瓜

黄瓜的子叶张开

黄瓜的子叶完全张开

摄影：谢润萱

083

动时就会想着生物与生物以及非生物的联系性，也为生物多样性考虑更多。

下面这幅作品是谢润萱小朋友的《斑衣蜡蝉——一只蹲在树上的"奶茶"》，作品从记录对象斑衣蜡蝉的形态联想到了生活中的奶茶，还画出了两者相似之处，并对斑衣蜡蝉的食物"臭椿树"也做了观察记录。小作者运用的联系观察法不仅丰富了作品，而且充满了趣味性。

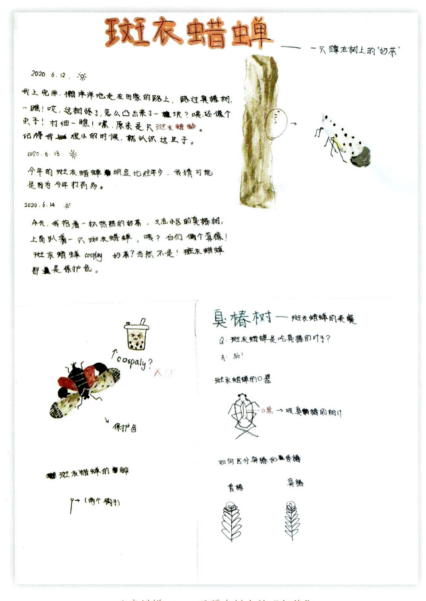

斑衣蜡蝉——一只蹲在树上的"奶茶"

作者：谢润萱（10岁）　北京景山学校远洋分校

5. 比较观察法

观察外形相似的植物或者动物，可以用比较观察法，有对比才能发现差别。这种观察法不仅让人印象深刻，还能让人更加容易辨认两种生物。例如春天里的山桃花和杏花竞相开放，很多人分不清。其实只要看花萼就可以轻松区别并记录，杏花的花萼反折，与花瓣不贴合；而山桃花的花瓣与花萼贴合。这样的观察记录对辨识大自然中的生物很有效，也会让书本上的知识更生动。

山桃花　　　　　　　　　　　　　　　杏花

摄影：李朝霞

6. 解剖观察法

大自然中生物的内部结构复杂而有趣。远古人类在食用一些食材时无意中认识了食材的内部结构，现在解剖观察法大量应用于生物学等科学研究中。观察一些生物时，如果我们想探索其内部结构，也可以用解剖的方式。我们可以徒手解剖花或者果实，也可以利用解剖刀和镊子进行精细解剖，精细解剖观察还会用到显微镜等观察工具。野外或者公园中不能随便采摘植物和捕捉动物，我们解剖植物时最好采摘自己种植的植物或者利用园林工人修剪下来的枝条等，解剖动物需在专业教师的指导下进行，最好利用能得到的动物尸体，比如城市中撞到玻璃后失去生命的鸟或者死掉的昆虫等，不能故意捕杀动物。

二月蓝的花

解剖二月蓝的花

摄影：李朝霞

7. 借助观察工具

　　人眼虽是一个无比精妙的器官，但也有它的局限之处，比如无法看清太遥远或是太细微的事物。好在我们现在有了放大镜、显微镜、望远镜和相机的微距镜头等工具，能成功地突破局限，拓展观察范围，看到令人惊叹的细节。望远镜可以让我们看到远处事物的细节，例如飞鸟、虫子，或月球上的环形山；相机或者手机的微距镜头也可以放大观察对象的某个细小部位，我们得以观察其细节；放大镜和显微镜能让我们看到肉眼看不到的细微之处，例如利用显微镜可以看到花粉的形态和植物叶片上的气孔等。

放大镜

显微镜

望远镜

摄影：李朝霞

（二）耳听天籁

倾听大自然中的声音或人类探索自然时的声音，还有小鸟的歌唱、蛙与昆虫的鸣叫、风的呼啸、海的涛声、踩落叶的沙沙声、行走在新雪上的咯吱咯吱声。毛毛细雨的轻柔声响也许会让你想起江南的烟雨和山水，下雨时屋檐上的滴答滴答声仿佛带你回到了小时候姥姥家的院子……

我们生活的环境里充满了各种各样的声音，每一种声音都包含着讯息。这些讯息需要通过耳朵这一感官收集，再由大脑与神经系统进行转换，我们才能理解听到的声音意味着什么，是代表危险与攻击的号角，还是亲友的招呼，或动听的音乐……听觉对于人类而言至关重要，我们人类的口语交流和音乐创作，就是以听觉为基础的；听觉对自然界的动物同样有非常重大的意义，它们可以利用听觉逃避敌害、捕捉猎物。

进行自然观察时，只要稍加留心，我们就能发现大自然中的声音非常丰富。倾听这些声音，有助于增强观察印象。做自然笔记时，记录眼睛所见的同时描述听觉信息，能使记录更加准确生动。

首先，通过倾听周围的声响，我们可以发现更多平时忽略的事物。比如在树林里听到有节奏的"嘟嘟嘟"声，像是用尖锥急促地敲击树干，循声去找会看到某种啄木鸟；池塘里的"扑通"一声，多半是鱼儿跃出了水面，跟随声响望过去，不仅会发现鱼群的身影，还可能看到在水面上轻盈跳跃的昆虫水黾。再如赏花时，一阵"嗡嗡嗡"会吸引我们去看蜜蜂采蜜；夏日里，蚊子的"嘤嘤"声会提醒我们挥动手里的扇子。这些都是听觉带来的额外收获。

其次，不同动物发出的声音各具特点，我们可以据此判断物种。比如在树林中听到蝉鸣，就能确定发声者是雄性蝉，并可以根据声音，定位它的所在和推断出它的种类。再如夏日的晚上，我们经常可以听到"唧唧、唧唧"的声音，那是蟋蟀的"歌声"，能让我们忘却白天的烦恼。

此外，声音还能告诉我们一些看不见的信息。到了一个陌生的地方，一阵蛙声会让你知道，附近可能有水域。不同时间段的鸟鸣，可能是一种另类的天气预报。如在我国中原地区，有"早哇阴晚哇晴"的谚语，其中的"哇"是一种鸟的鸣叫声，有的地方说这种鸟是苍鹭，有的地方说是白鹭或夜鹭。

在记录自然观察时，我们可以用拟声词去记录听觉感受到的丰富声音，让自然笔记更加生动有趣。

（三）嗅觉——感受气味

世界充满了各种气味，空气中弥漫着无数微小的气味分子。不同的环境中，这些气味分子各不相同。泥土清新，玫瑰芬芳，山野间气息清新怡人，茉莉花开则让人想起爷爷大茶缸里飘出的醇厚香气，山道上萦绕的气味让人意识到刚刚有一群羊走过……

在观察自然的时候，除了常用的视觉、听觉等感官，嗅觉也扮演着独特的角色。人类能闻到的绝大多数气味是一些可以直接进入我们循环系统的小分子物质。通过嗅觉，我们不需要经过大脑的处理，就能直接感受到这些气味分子对神经元的刺激，进而影响我们的情绪、记忆以及荷尔蒙。

比如在大自然中，冬末春初的蜡梅与梅花的香气沁人心脾，早春的玉兰花香让人驻足抬头去赏盛开的花朵，桂花的芬芳提醒人们秋天到了该加衣服了。这些气味也许还会让人不自觉地想起童年的种种美好回忆或是故人旧物。

在辨识植物时，嗅觉也扮演着关键的角色——春季的麦苗与韭菜看上去非常相似，很多居住在城市的人们经常把麦苗当成韭菜。其实分辨它们很简单，只需要用手轻捻或者揪下一点叶片，拿到鼻子前深吸一口气，就可以分辨。韭菜有浓郁的辛香，而麦苗是一种淡淡的青草香。

很多植物都有独特的香味。许多植物的花开放时会散发独特的气味。兰花中剑兰的清香和墨兰的甜香不一样，浓郁的薰衣草香气与淡雅的深山含笑花香让人对这两种植物记忆深刻。栀子花与茉莉花的香气也不相同。很多植物的成熟果实也会有诱人的气味，如苹果、橘子、桃、柠檬等都有独特且美妙的香气。

更有趣的是，通过嗅觉我们还能发现一些植物为了生存而进化出的独特机制。比如大花犀角的花开放时会散发出强烈的腥臭味，为大部分人所不喜，这却是为了吸引一些蝇类前来为其传粉。花朵中心部位还会散发出热量，为这些传粉昆虫营造温暖的产卵和孵化环境。仅凭视觉和听觉是难以窥探这些植物繁衍的奥秘的，唯有通过嗅觉，我们才能一窥端倪。

韭菜

麦苗

闻韭菜

摄影：李朝霞

大花犀角与丽蝇　摄影：李朝霞

　　通过这些案例，我们可以看到嗅觉在观察自然中扮演着独特而不可或缺的重要角色。它不仅能唤起我们内心深处的记忆和情感，还能帮助我们更精准地识别各种植物，窥探它们在生存演化中的奥秘。可以说，只有真正融入自然，全方位运用各种感官，我们才能真正感受到大自然的魅力。记录自然笔记时，嗅觉感受无法直接记录或保留，只能用语言和文字表达，又因每个人的嗅觉感受都是不相同的，哪怕闻到同一种气味，感受也不一样，所以记录气味的自然笔记往往就会带上个人的主观感受。

（四）触觉——感受温度、质地与形状

　　大自然中的一切都有其独特的质感，树叶粗糙或光滑、土地柔软、沙子细腻、石头坚硬、水波温凉、流水柔滑……走进树林中，林下落叶的柔软和舒适让人忘记忙碌，阳光从树叶缝隙里洒下，微风轻拂，温暖又惬意……

"触觉"，又叫"机械性刺激感受"，皮肤是触觉的感受器官。人体可以感知到不同形式的触摸以及不同的温度和压力。皮肤一旦接触到任意物体，侦测触觉的神经就会通过周围神经系统将讯息传送到大脑。

气温的高低，是通过触觉感知的。富含水分的泥土柔软，岩石的质地坚硬，也是通过触觉感知的。我们分辨大自然中的生物或者非生物的表面光滑或粗糙，也许能够依靠视觉，但应用触觉判断会更准确。

触感是了解观察对象的一种重要途径。黄杨叶光滑，构树的叶片粗糙；植物茎叶上的毛，触摸上去有的细软，有的较硬会扎手。斑种草嫩叶上的毛柔软，茎上的毛有些扎手。还有一些观察对象看上去很粗糙，但手感光滑柔软。如柑橘凤蝶的幼虫看上去像鸟粪一样粗糙，摸上去却光滑柔软。用手碰含羞草，含羞草的叶子就会合拢，用手轻碰熟透的黄豆荚，豆荚会裂开并将豆子迸出来。

做自然笔记时，可以把触觉和嗅觉两种感官体验放在一起描述，例如触摸薄荷的茎和叶片，茎上有棱，叶片比较光滑，叶片上的气味分子会留在手上，嗅闻摸过薄荷的手，会闻到一股清凉的香味。碰碰香这种植物，一碰它的叶子就会散发淡淡的苹果香气，摸叶子时指尖会有毛茸茸的细腻触感。

臭椿沟眶象之类的昆虫一被触碰就会装死；还有一些动物被触碰了会伸出触角，比如柑橘凤蝶的幼虫。

益母草的茎，看上去是圆柱状，摸上去却是四棱

柑橘凤蝶幼虫

斑种草老茎

斑种草嫩茎和叶

摄影：李朝霞

触摸时要注意安全！

触碰植物前，应当先观察清楚植株上是否生有硬刺或是刺毛。洋槐、酸枣、月季、花椒等植物的枝干上有尖锐的刺，容易刺伤皮肤。触摸时尽可能不碰到这些刺。

仙人掌类植物上有硬刺和绒毛刺，皮肤碰到会刺痒疼痛。荨麻和蝎子草等的茎叶上的刺毛会分泌酸液，皮肤碰到后疼痛难忍，还可能有毒。这些植物都绝不能徒手触碰，如果不小心碰到了，可以用肥皂水清洗，能够减轻疼痛。触碰上述植物之前，一定要戴上园艺手套。

黄刺蛾等刺蛾类昆虫的幼虫有刺毛，还会分泌毒液，被扎到的皮肤火辣辣痒疼，见到后不要触碰。若不小心碰到了，应该立即用胶布或者胶带粘贴被刺到的部位，拔出刺毛后再用肥皂水清洗。已经死亡的昆虫如蜜蜂，不要触碰其尾部，否则容易被蜇伤。若要触碰一定要戴上厚乳胶手套。

黄刺蛾幼虫 摄影：李朝霞

蝎子、蜈蚣和蛇这几类动物大都有毒，在没有人陪伴或者指导的情况下，观察时要保持一定的距离，不要轻易触碰。若要触碰，一定要请教专业人士并佩戴护具。

野外的哺乳动物如流浪猫、流浪狗、土拨鼠、刺猬等，可能带有对人或家中宠物致病的病毒或细菌，千万不要触碰。

（五）味觉——品尝大自然中的酸甜苦辣咸

品尝花蜜的香甜，咀嚼酸酸的酢浆草叶片，吮吸蒲公英白色乳汁的苦，感受生柿子的涩，品味春韭的鲜美、草莓的酸甜可口、梨的甜美多汁、柠檬的酸、姜的辛辣……我们不只能感受到味道，还能唤起记忆中的美味，甚至想起与味道有关的故人和亲属。

味觉是一种直接受到化学刺激产生的感觉，主要包括甜、酸、苦、咸、鲜五种基本味道。人类的味觉感受细胞主要集中在舌头上，这也是我们最常用的品尝自然味道的器官。

人类用味觉探索大自然，古已有之，最著名的莫过于神农尝百草的故事。在与自然亲密接触的过程中，我们常会被大自然丰富的味道所吸引，想知道某种植物是否可食用，忍不住想要一尝究竟。经过味蕾与自然物的无数次碰撞，人们分辨出了什么可吃、什么不可吃，并将这些经验传承给了后代，比如俗称"蜜罐"的地黄和毛泡桐花的花蜜非常甜美可口，花蜜在花冠基部，吮吸它们的花冠基部是很多人儿时最爱的游戏。正是这样，我们今天的餐桌上才有了丰富美味的食物。

可以说，大自然就像一个巨大的餐桌，处处充满了诱人的味道：从蜂蜜的甜美，到柠檬、梅子与酢浆叶的酸爽，再到抱茎苦荬菜的苦，盐肤木和海水的咸乃至辣椒、大蒜和姜的辛辣，还有生柿子的涩，五味子果实的多味，应有尽有。细细品尝这些自然滋味，味蕾传递给大脑的感受会深深烙印在我们的记忆中，让我们难以忘怀。这种来自大自然的味觉体验，也是我们记录自然笔记不可或缺的重要部分，可以向他人传递自然在我们舌尖上的味道。

观察大自然时，我们很少只用一种感官去感觉，往往同时使用"五感"。观察毛泡桐的花时，先看花的形状、结构和颜色；再动手用笔画；接着用解剖的方法取出花冠，同时闻一闻是否有气味；然后触摸花冠，毛茸茸的，一摸花冠基部，黏糊糊的；最后舔一舔，会尝到花蜜的香甜。这样的探索是不是很有趣？这也是我们融入大自然的有效途径。

毛泡桐花

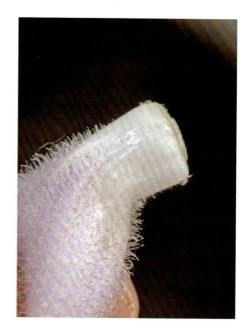

毛泡桐花冠基部

地黄

地黄花冠的基部

摄影：李朝霞

温馨提示

　　有一些植物和菌类有毒，在野外，不认识的植物和菌类千万不要品尝。

拓展

自然观察时的
安全注意事项

在进行自然观察时，切记要确保人身安全。

1. 充分了解当地环境

在进入自然环境进行观察前，要先做好充分的了解和评估。了解当地的地形、气候、动植物分布等，对可能存在的潜在危险有基本认知，做好准备。

2. 预防中暑和寒冷

户外观察可能会长时间暴露在阳光或寒冷环境中，要提前做好防晒、保暖措施，以防中暑或冻伤。准备足够的饮用水和干粮，以防户外饥渴。

3. 预防动物攻击

在一些有大型野生动物出没的区域，要时刻保持警惕，远离可能危险的动物，比如熊、野猪，或者狼、虎。一旦遇到这些动物，一定要保持冷静，及时联系外援脱险，不要轻举妄动。在可能有蛇出现的户外，要用棍子在前面边扫边走，一旦遇到蛇要避而远之，千万不要触碰。

4. 防范昆虫与蚂蟥叮咬

在林间草丛中活动时，要避免皮肤裸露，携带防虫用品，注意防范蚊虫、蜱虫、蚂蟥等。一定要戴有顶的帽子，以防蚂蟥或者虫子钻进头发中叮咬头皮。如不慎被叮咬，要及时处理。

5. 注意安全行走

选择合适的路径，远离悬崖峭壁、陡峭山坡等危险区域。行走时要注意脚下，做到"看景不走路，走路不观察"，防止崴脚或者摔跤受伤。必要时可以携带登山杖等工具。

6. 带上通信设备和户外强光手电

带上手机、对讲机等通信工具，以便随时联系外界，遇到危险或者迷路时寻求帮助。

同时还要注意电力供给，确保设备可用。晚上手电可以帮助我们安全行走，遇到危险时强光手电可以帮助我们寻求外援。

7. 结伴而行

在户外做自然观察最好结伴进行，这样可以互相照应，一旦发生意外，同伴可以及时帮助。独自行动要格外谨慎小心。

8. 谨慎触碰

许多植物和动物可能存在毒性或危险性，未经确认切勿轻易徒手触碰。尤其是一些长刺的植物、分泌毒液的爬行动物以及蜇人的昆虫等，要远离它们，避免被咬伤或刺伤。即便是无毒害的生物，触碰时也一定要小心谨慎。

9. 禁止品尝

观察自然时，切忌品尝任何未经确认的植物、昆虫或其他生物。这可能会导致中毒或其他健康问题。除非经专业人士确认安全无毒，否则不能尝试。

10. 洗手消毒

在触碰过植物、动物或者蘑菇等之后，一定要及时、彻底洗手。这不仅可以清除残留的可能有毒物质，还能减小细菌感染的可能性。携带酒精消毒液或者免洗消毒液也是很好的辅助措施。

11. 安全采集样品

在保护区内应该遵守相关法规，不采集动植物以及土壤等样品。在野外遵守相关法规，不采集珍稀濒危动植物、不采集不认识的动植物，以免触犯法规。如果需要采集自然标本（依照法规可以采集的动植物）做进一步观察和研究，务必小心谨慎地进行取样和包装，防止被刺伤或接触到有毒成分。同时一定不能过度采集，保护好生态环境。

12. 危险地形

要格外当心悬崖峭壁、深水区域、陡峭山坡、沼泽、滩涂等危险地形。即便看起来平坦的地方，也要保持警惕，避免意外发生。必要时可以使用登山杖、绳索等工具。高原地区行走不能太快，如果有高原反应，要及时吸氧并就医。

13. 极端天气

如果遇到暴风雪、雷暴、疾风骤雨等极端天气，应立即寻找安全的避难场所，不要冒险继续观察。这些恶劣天气会给人身安全带来严重威胁。

14. 次生灾害

有时自然灾害过后，还可能导致一些次生灾害，比如暴雨过后可能会出现山体滑坡、地质塌陷等。在这种情况下，更应该格外警惕，远离可能存在隐患的区域。

15. 个人身体状况

如果身体存在某些疾病或者残障，在户外观察时也要格外注意，提前做好充分的准备与防护措施。不能盲目冒险，一定要量力而行。

总的来说，在享受大自然的美景、探索大自然的奥秘时，要时刻注意安全。在自然观察过程中，我们不仅要调动视觉感官，还要捕捉听觉和嗅觉信息，小心谨慎地进行触碰和品尝。只有做到安全第一，我们才能真正沉浸在大自然之中，收获更多珍贵的观察体验，探索大自然的奥秘。

三 记录与创作

一旦开始以自然笔记的方式记录身边的世界，你就会发现，每一个日子都变得丰富有趣起来。创作自然笔记，不仅能够帮助我们深刻地理解自然，还能让我们在快节奏的现代生活中找到一片宁静的避风港。原本普普通通的一支笔、一张纸，都变得不再普通。

在"记录与创作"这一部分，我们将系统地为初学自然笔记的朋友介绍用文字和绘画创作自然笔记的宝贵实践经验和方法指导。先从掌握自然笔记的七要素开始，会让作品更加规范严谨；查验信息、辅以数据会使观察记录更加科学精准；多样的修辞手法让文字更加生动活泼；线描法、水彩法让绘画小白也能够描画出自然的细节和变化。从现在开始，我们需要动手实践了，将前面章节介绍的观察、布局等方法技巧一一应用起来，在本章实用而富有创意的建议下，让图画与文字相辉映，将科学与艺术巧妙融合，将你的创作愿望一一实现。

下面，让我们拿起笔，翻开新的一页，开始这段美妙的自然笔记之旅吧！

（一）创作自然笔记的常用工具

★这部分插图均由丫丫鱼绘制

在记录自然、创作自然笔记的过程中，我们最常用的工具包括笔、纸张、笔记本、颜料、手机（相机）、电脑，如果希望仅采用文字和绘画相结合的方式来做自然笔记，一支笔和一个笔记本就足矣。

1. 基础工具

（1）笔记本

笔记本是自然笔记常见的载体之一。如条件允许，最好选用以无酸纸制作的速写本，这种本子的纸张不易发脆或变黄，可以更好地保存笔记。建议选用 A5 大小或者更小尺寸的开本。

使用固定的笔记本做自然笔记，不仅可以避免纸张散落的问题，还有助于连贯地记录绘画过程。请尽量避免使用普通复印纸，因为其中含有荧光剂，长期使用可能对视力和健康产生不利影响。

无酸纸制作的速写本

温馨提示

任何本子都可以用来做自然笔记，也可以使用 1—2 个夹子固定纸张，使用起来会更舒适。

（2）笔

如果自然笔记不需要用水彩上色，普通的中性笔和签字笔都是不错的选择，易于购买且方便携带。也可以使用具有防水功能的针管笔，这样无论是后期水彩着色还是长期保存都很适合。针管笔原本是为工业制图而设计的，笔尖垂直于纸面时能画出均匀的线条，倾斜笔尖则可以改变线条粗细。常见的绘图针管笔有 0.3mm、0.5mm、0.8mm 等各种型号，可以根据自己的需要选用。

具有防水功能的针管笔

（3）直尺

随身携带一把直尺可以精确测量，记录物体的实际大小，并与其他物体进行对比。

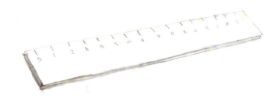

直尺

2. 进阶工具

（1）幼儿园至小学中低年级（1—3 年级）

这个阶段的孩子还不太擅长书写和绘画，调色也较为困难，建议使用容易掌控的水彩笔。水彩笔涂色均匀，而且可以多次叠加，12—24 色的水彩笔组合即可满足需求。

12 色水彩笔

（2）小学中高年级（4—6年级）至初中

彩色铅笔

这个年龄段的孩子可以尝试使用更复杂的绘画工具，如彩色铅笔。彩色铅笔便于控制，也很适合多次叠色，可以画出很细腻的质感。缺点是上色速度相对较慢。6—12色彩色铅笔组合即可。需要注意的是，用彩色铅笔画画，颜色太多会使画面显得杂乱。

（3）初中以上及成人

铅笔

这些年龄段的使用者通常可以更好地操控绘画工具，对自己的要求也比较高。做自然笔记时，除了前述工具，还可以尝试使用更丰富的工具。

① HB 铅笔

起草稿或者规划画面布局时，都可以使用铅笔。铅笔能画出不同粗细的线条，如果画得不准确或不满意，还可以很方便地擦除重画。搭配水彩使用时，只需叠加一层水彩，铅笔痕迹就能被固定下来，不易掉落。

②可塑橡皮/橡皮

用来擦除铅笔的痕迹。

可塑橡皮

温馨提示

1.铅笔痕迹容易被擦拭弄脏画面，画完后作品不易保存，需要配合定画液。

2.如果不需要画得特别精准，建议少使用橡皮。大多数情况下，擦除重画也未必能得到比原作更好的效果，往往花了半天时间修改的画面还不如一开始的好。

所以，不建议初学者一开始就使用铅笔和橡皮！！！

③水彩颜料

适合年龄相对较大的儿童及成人使用。

水彩颜料的颜色干净透亮，可以通过叠加深色或浅色来丰富画面效果。初学者可以选择学生级水彩。如果预算允许，也可以考虑购买艺术家级水彩。无论选择哪种级别的水彩，最好都选择包装上有 AP 安全认证标识的，这表示产品中不含有害成分，可以放心使用。

建议初学者购买 12—24 色固体水彩，不仅可以满足基本的创作需求，保存和携带也较为方便。

④自来水水彩笔

一种很实用的水彩工具，外出写生时，配合固体水彩使用非常方便。这种笔的笔身中带有储水胆，可以直接存放清水。使用时只需要挤压笔胆就能获取适量的清水来稀释颜料或清洁笔尖。

固体水彩颜料　　　　　　　　　　　自来水水彩笔

（二）开始记录

　　自然笔记除了部分是照片加文字、实物加文字的形式之外，多数是绘画加文字记录。完整的自然笔记和严谨的实验报告一样，还需要记录详细的背景信息，也就是七要素。它们分别是：笔记标题、观察时间、观察地点、记录人以及图片、文字记录，有时候还有天气等完整的要素信息。这些信息特别重要，为记录者后期回顾整理以及读者进行科学研究或欣赏提供了严谨的信息支持，比如动植物出现的地点信息，进行某种生物行为的时间信息等，都是研究的重要材料。

凤仙花成长记
作者：郝一临　北京市三十一中学

欣赏严肃认真记录的自然笔记作品，我们仿佛被引领进了一个生机盎然的真实世界。细腻的笔触绘制出纤毫细节，敏锐的洞察力探寻被人忽略的秘密。这样的自然笔记作品，不仅展示了自然界的美丽与神奇，更传递出作者对大自然的敬畏与热爱。

1. 文字记录

不论以哪种方式做自然笔记，都离不开文字的记录与标注。文字不仅是我们记录观察、感受和思考的主要方式，还是我们表达对大自然的热爱与敬畏的载体，更是自然笔记不可或缺的重要组成部分。

观察自然，我们可以发现许多细微而美好的现象，如花朵的气味、鸟儿的歌唱、蚂蚁的交流方式等。这些现象往往难以用图像完全捕捉，文字则能够精确地描述它们的细节和特征，重现当时的情景。当我们被自然的美丽和神奇打动时，唯有文字，可以让内心涌动的各种情感和思考得以保存，从而与他人分享和交流。文字还可以帮助我们建立清晰的框架和脉络，使笔记内容更加有条理和易于理解。

（1）如何记录自然笔记中的文字内容？

在记录之前，更多的是观察与思考。确定了观察对象之后，可以从记录自然笔记的必要信息入手，也就是我们常说的自然笔记要素：观察对象，记录时间、地点、天气和记录人等。为了让自然笔记看起来更有吸引力，还可以取一个言简意赅且有趣的标题，这样会给自己或他人都留下深刻的印象，比如下页图中的标题"植物里的小老虎——爬山虎"。

接下来是在观察的基础上，记录观察物以及周围的环境，留下较详细而全面的信息：一朵花的气味、雌雄蕊的长度；一片叶的质感、背部的颜色；蜜蜂采粉的动作与过程；观察物生活的海拔和位置，植株生长或花序开放的次序，旁边出现的其他植物或小动物；等等。这些内容都难以用绘画或者照片呈现，正是文字大展身手的时机。

神奇的大自然，总会让我们惊奇进而不断地提问和思考，也会给我们带来惊喜，让我们惊叹与感慨！快拿起笔来，记下这电光火石般一闪而过的思考和感悟。不要难为情，个人的体验、感受、想象与灵感是在与自然的交融过程中产生的，是独一无二的，也是文字记录中重要且特别的内容。

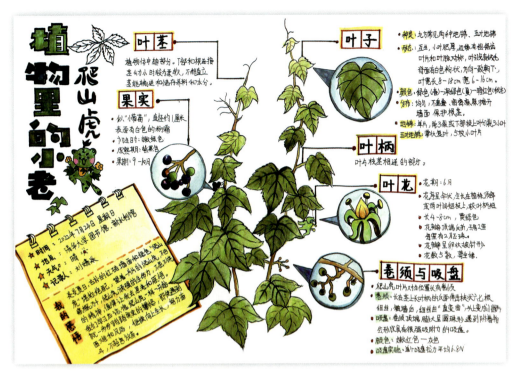

植物里的小老虎——爬山虎
作者：刘婧焱 北京市海淀区民族小学

如果查询了相关书籍或者咨询了专家，获得更加深入的二手信息，以及在这个过程中发生的趣事，也可以简要记下来，比如物种的拉丁名、分布、背后的一些科学原理等等，不过内容不宜太多。

（2）文字记录过程，又有哪些要求呢？

要写出优秀的文字记录，首先要向优秀的前辈们学习。远的来说，有明朝地理学家、旅行家和文学家徐霞客。他通过长期的旅行和观察，记录了大量的地理、水文和植物等信息。他的著作《徐霞客游记》是中国最早的一部野外考察记录，也是典型的日记兼自然笔记。比如第一篇《游天台山日记》中写道："复上至太白，循路登绝顶。荒草靡靡，山高风冽，草上结霜高寸许，而四山回映，琪花玉树，玲珑弥望。岭角山花盛开，顶上反不吐色，盖为高寒所勒限制耳。"片言只语详细、准确地写出了在天台山顶看到的植物情况、草上霜的厚度，还记录下了自己的猜想——山顶花色与其他地方不同是因为山顶更寒冷。

徐霞客的文字优美毋庸置疑，但文言文与现代用语习惯有所不同，我们很难模仿。再来看看自然文学作家胡冬林的《冬天，住在长白山里的日子》。这本书以日记的形式呈现了作者在长白山区居住的 6 年时间中冬季的 50 篇自然观察日记，记录了长白山的自然风光、动植物生态以及人与自然的关系。其中《雪地上的足迹》中写道："在铁桥下的水面隐约看见有小小的灰色鸟影走动，走近去，一只褐河乌赫然入目，随后见灰鹡鸰一只，鹬两只，其中一只鹬长久地停在那里用长嘴巴啄食……我又逼近些，它动了，长嘴巴像拐杖似的伸出来，机警地侧目望我，然后起飞到不远处的河边落下，先前已有一只胆小的先起飞……至于褐河乌，已在浅水区踩着小碎步一溜烟跑远。这小家伙又黑又肥，且十分机警。"

作者观察得认真仔细，动物形态与动作捕捉精准，用词生动活泼，不仅记录了观察到的动植物、天气、山川、河流的情况，还将自己的行为、想法甚至猜测等内容也都一一记录了下来，有很多值得参考和借鉴的地方。

综上案例，自然笔记中文字的主要作用是记录观察到的事物以及自己的感受或者猜想等。记录时应准确地描述自然现象和自己的感受，尽量保持信息完整，包括观察物的科学特征和活动过程等，还可以采用列举数据、对比其他事物等方式。文字写清楚即可，尽量少用术语，多用自己的话描述，尤其在记录个人感悟、思考和总结时，鼓励使用个性化的语言。

文字记录尽量简洁。较之详细的观察，记录的时间有限，在现场记录一手资料时，可以使用关键词。使用大量准确的关键词能在短时间内完成记录，而且还能保留完整的信息，也有助于二次整理时回忆和补充内容。

温馨提示

　　自己不确定的内容就如实记录，或进行有根据的猜测或提问，如："我猜测这是……""雨天它会淋湿吗？"

注意事项

最重要的是一定要实地观察记录。

很多人创作自然笔记，常常是利用视频或者照片作为资料来源，而非源于自己的实地观察。视频或者照片可以作为参考和补充，但是没有基于自己观察的笔记缺少一些真实的信息。比如一片叶子，视频或者图片都难以精准完整地传递需要亲身体验的信息——质地是坚硬还是柔软？背面是否有毛？有气味吗？更有甚者，直接打印从网络上下载的手绘空白图稿，再进行涂色和填补文字。这样做只会离自然笔记越来越远，即使作为练习都不推荐。

查阅资料和实地观察是相互帮助、相互促进的。初期尽量现场观察、现场记录，再通过查阅的资料进行比对，印证更多的信息，比如观察萱草时却找不到花萼，通过查询资料后会知道萱草的花萼和花瓣长得很像，被统一称为花被片了。自然观察的经验比较丰富之后，还可以提前查阅资料，拓展观察时要注意的方向。比如资料中提示萱草的根上有像小人参、小红薯一样的块状物，在现场观察时就可以特意看看。

另外，采用一些写作技巧来避免内容的空洞。

使用描述性的语言，详细记录观察到的具体现象和细节，尽量还原当时的情景。加入自己的感受和思考，可以是对自然现象的疑问、对生命的感悟等内容。定期对笔记进行回顾和整理，加深对自然的理解，也可以发现新的观察点和思考角度。思路与角度打开之后，文字记录就不会如"白开水"一般了。不过，上述方法更适合年龄比较大的小学高年级、初高中学生以及成人，对于较小的孩子，应当鼓励他们多画少写。

2. 绘画记录

★ 这部分插图均由丫丫鱼绘制

我们在做自然笔记时，除了用文字记录以外，为什么还需要绘制图画呢？

与单纯的书面记录相比，绘图能让我们从视觉上更直观地感受到自然事物的具体形貌。相比拍摄照片，绘画需要我们仔细观察对象，在记录下形态、质感和色彩的同时，也能反映出我们对自然的独特观察和想象。

拍摄照片虽然快捷方便，但往往只能捕捉到瞬间的画面，未必能完整地表达我们对所观察对象的全面认知。而在绘制图画的过程中，需要反复观察、思考和勾勒，这不仅有助于加深对自然的理解，也可以成为一种放松和娱乐的方式，让我们从中获得乐趣。

总之，在做自然笔记时，绘画不仅能够丰富我们的记录方式，也能成为一种情感抒发和自我表达的渠道，让我们更深入地与自然世界产生联结。

现在，随手找一支笔，拿起一个本子，开始创作你的第一幅自然笔记吧！

开始时，绘画可以单色为主，之后再逐步过渡到运用更丰富的色彩。绘画的内容是自己的观察对象，所使用的工具和材料不仅限于以下案例中运用的几种，可以根据自身习惯和需要，自由选择和运用不同的工具。

温 馨 提 示

以下案例中的线稿全部使用 0.3 毫米的针管笔完成。如果你能熟练掌握针管笔的使用，相信就能很轻松地画出线条粗细变化的效果。

（1）树叶

材料：针管笔

仔细观察树叶，会发现它们大多呈左右对称的结构。我们可以先画出左边的一半树叶，然后再仔细观察，根据左边的一半树叶来绘制右边的部分。这样在绘画时就有了可供对比和参考的对象，也能更容易地完成右半部分的描绘。即便有了这样的参考，在画出右边部分的树叶时，仍然需要仔细观察。

①画出树叶的左半部分。　　　　②画出树叶的右半部分和主叶脉。

③刻画细小的叶脉分支。　　　　④丰富质感和细节。

温 馨 提 示

　　如果觉得叶脉的分支太多难以刻画，不用全部画出，只画主叶脉即可；也可以用较细的线刻画叶脉分支，以便区别主次。

　　刻画树叶质感和细节时，可以在颜色较深的部位上多画几笔来强调。

（2）冬天里的树

材料：针管笔、水彩笔／马克笔

一棵树上除了主干之外，还有很多树枝。树枝一多，很多初学者就会觉得无从着手。实际上，并不需要将观察到的树枝全部描绘出来。这样画出来的，仍然是一棵完整的树。如果不想在画面上突出太多树枝的细节，还可以选择只绘制部分重要的树枝。

①用针管笔勾勒出树干的形态。

②在树干上添加分叉的树枝。

③完善和丰富细节。

温馨提示

　　如果觉得单单绘制树干和主要树枝看起来有些过于简单，可以按照之前绘制树叶的方法，在大树上添加几笔丰富细节。再仔细观察一遍，看看这样是否更能还原你最初的观察对象。

④上色——天空和远景。

用蓝色画出天空，注意留出云朵的位置。再用蓝灰色画出地上的远景山脉，并用较浅的蓝色平涂在天空与地面之间。

⑤上色——树干和中景。

选用与树干颜色相近的水彩笔，以平涂的方式给树干上色，并按中远景里的树的生长方向画出树形。

在正式上色之前，建议先在试验用的纸张上测试颜色效果。水彩笔的颜色往往与笔身标注的不太一致，不同品牌的水彩会使用不同的色料，在不同纸张上显现的颜色也会有所差异。上色时，要从浅色逐渐过渡到深色，笔触尽量均匀，避免叠加过多的颜色。

水彩笔叠加会加深色彩。因此，有时简单的颜色叠加也能创造出不同的色调变化。但如果不需要刻意加深色彩，最好尽量避免叠加。

我们可能会想要某种特定的颜色效果，但现有的水彩笔无法完全匹配。在这种情况下，需要根据自己的想法进行颜色的提炼和调配，找到颜色最接近的水彩笔。同时也要注意，绘画时不宜使用太多种颜色，否则画面会显得过于复杂和混乱。

画风景时先画背景，后画中前景。先铺浅色，后铺深色。用笔的方向可以平齐一些，这样画面看起来不会太混乱。

（3）夏天里的树

材料：针管笔、水彩笔 / 马克笔

同一棵树在四季的模样各有不同。冬天，枝丫光秃秃；夏天，树叶茂密，从远处看，树叶就像连在了一起，枝丫也被遮盖得严严实实。在绘画时，我们可以将树叶归纳为一丛一丛。每一丛树叶的形状都不规则，有些地方微微凸起，有些地方略微凹陷。描绘时，不必严格地逐一描绘每片叶子的细节，只要大致勾勒出它们的整体形态即可。

①用针管笔勾勒线稿。

温馨提示

一棵树上有成千上万片树叶，我们无须完全还原每一片树叶，可以适当地归纳和简化。

②上色——背景。

用平直的线条加上天空和远处的山峰。

③上色——树干和树冠。

选用与树干颜色相近的水彩笔，顺着树干的生长方向进行平涂。

再选择两种深浅不同的绿色，先用较浅的绿色填满整个树冠的轮廓，再在局部叠加深色，表示树冠的暗部。

温馨提示

上色时，如果颜料超出了轮廓线或者没有完全填满，都不必在意，这样反而会让画面更加自然生动。

④上色——树干的暗部。

用较深的颜色顺着树干的生长方向给树干添加几笔阴影，画出光影效果。同时，可以用较浅的绿色画出中远景的大致轮廓。

温 馨 提 示

　　树干的光影要与树冠的光影一致。如在上图中，树冠的阴暗面主要在右侧，说明光线是从左上方照射过来的，因此树干的阴影部分也应该在右侧及下方。

　　中远景其实在第③步就可以画，但在第④步画也没问题。在整个绘画过程中，难免会遗漏某些细节或者需要补充调整。这都是很正常的情况，保持开放的心态，随时修改、完善即可。

（4）猫

材料：针管笔、水彩笔 / 马克笔

①勾勒猫的整体外部轮廓。

②画出猫身边的物品。

③上色——猫身和猫窝。

根据照片上猫和猫窝的色彩，用颜色较淡的水彩笔铺一层底色。

④刻画毛发细节。

同一支笔在猫身上添加一些笔触，表现毛发。再用很浅的灰色勾勒出小猫的下巴和脖子部分，并在它的身体下方添加阴影。

　　画小动物时，可以将动物的身体结构和毛色分布简化为三角形、圆形、方形等形状。

　　除了画小动物本身，也可以描绘它所在的环境，或者与之有互动的物品。如能在自然笔记中表现动物、植物与环境之间的关系，画面就会更加生动、有趣。比如上图中的这只小猫，它正在做什么、是否有什么特别的表情，都可以记录在画面中。

　　绘画只是自然笔记应用的一种表达方式，画得好坏不重要，重要的是如实记录下自己最关注和想要表达的内容。即使出现错误，也不必执着和追求完美。对照照片，会发现实际的猫窝布料、图案和支架材质与绘制的图片并不一致，如果介意这些细节错误，可以重画，也可以在旁边以文字形式纠正。总而言之，保持开放包容的心态，尽情发挥自己的创意就好。

（5）水仙花

　　材料：针管笔、彩铅

　　做植物自然笔记时，可以从最重要的主体开始画。现在要绘制的是几朵水仙花，那就先从最显眼的正对着自己的花朵着手。

①画一个圆形，表示花朵的副花冠，并在外侧添加花被片（通常称为花瓣）。

②画出旁边的花朵和花梗。

温馨提示

　　如果植物的花被片数量较少，我们应该如实记录它们的形态和数量。而对于花被片较多的花朵，则可以适当概括，大致表达出它们繁复的形态即可。

　　不同花朵的朝向各不相同，有些花瓣可能会被花梗遮挡住。

　　在安排画面结构时，注意突出主次关系，不需要过多地描绘主花周围的其他细节。

③丰富细节。

在花瓣上添加一些线条，表现纹理；在副花冠的中心画出雄蕊和雌蕊；在花梗的下端加入一些表示明暗的线条。

④上色。

花冠部分使用白色和黄色的彩铅来上色，可以先用较浅的颜色铺好暖色基调。花茎采用绿色，但可以用较浅的黄色来表现它的亮部。

温馨提示

上色时，要先画浅色，再逐步加深。如果第一次的颜色太浅，可以通过多次叠加来增强；反之，如果颜色画得过于浓重，可以用橡皮简单修改，直至达到理想的效果。

⑤铺好底层浅色后，用较深较冷的颜色（如果有的话），没有的话仍可用之前的颜色重新用力叠加一次，也可以达到增强色调的效果。再丰富细节，直至完成。

（6）麻雀

材料：勾线笔、彩铅

①勾勒出麻雀的外形。

②仔细观察麻雀羽毛的分布状况，分析其分布规律，再在画稿上标出不同色调的羽毛区域。

③逐步丰富羽毛和细节。

用短而直的线条勾勒翅膀上的羽毛，用微微弯曲的线条描绘腹部的羽毛。

④上色——羽毛。

找出与麻雀羽毛颜色最相近的彩铅来上色。先用较浅的色彩铺垫底层，然后逐步加深色调。

⑤丰富画面的色调。

温馨提示

　　绘画时，描绘出的初步轮廓也许并不准确，请不用过于担心，在后续的作画过程中可以慢慢调整。

　　鸟类的羽毛分布有一定的规律，分析清楚规律，有助于画好鸟类。

　　画鸟时，不必刻画每一个细节，采用简洁明快的线条概括鸟身羽毛的基本形态即可。

（7）萝卜

材料：针管笔、水彩

①描绘出萝卜的简单外形轮廓。

这幅画的萝卜根部画得略粗，

我会在下一步进行修正。

②添加细节，并修正错误。

为叶子添加叶脉纹理，在萝卜

主体上用短线条和点点表现体积感，

并在过于粗大的根部补充更多线条

来对其进行修正。

温 馨 提 示

在绘画过程中，一开始描绘出的形体或细节可能不太准确，但也不必急于修改，

可以通过添加新的线条来纠正，或是通过增加细节的方式来修饰。

③上色。

选择与萝卜颜色相近的水彩颜料，适当加水稀释后，均匀涂抹到画面上。

④丰富色调和细节，突出明暗关系。

在叶子上加深绿色，在萝卜主体上增加更深的紫红色。

温 馨 提 示

使用水彩颜料时，注意控制好颜料和水的比例。开始时可以用较淡的颜色，如果觉得不够饱满，可以在此基础上加深。如果找不到理想的颜色，可以尝试混合两种颜料，调出合适的色调。例如，要调配出绿色，可以用黄色和蓝色混合；要调配出紫红色，则需要使用红色和蓝色，并且红色的分量要大于蓝色。

（8）自然风景

材料：针管笔、水彩

这是一处新疆的自然风景，主要景物包括天空、大地、远处的山脉和树木，以及近处的围栏和人物。

①用勾线笔简单勾勒出画面中各个事物的轮廓。

温 馨 提 示

用针管笔起稿画风景时，无须追求过于精准的描绘，只需让轮廓大致符合所看到的景象即可。

画颜色较淡的事物，如云朵等，起稿时可以适当地省略掉轮廓线。这样做的好处是，后续上色时，仍可以根据实际效果自行决定是否要表现出它们的轮廓。画颜色较深的重要物体，则应当清晰地勾画出它们的轮廓。

②上色——云层、天空和地面景物。

先画出云层，然后是天空，再按照由远及近的顺序给地面的景物依次上色。

③丰富细节。

在中景和前景部分适当叠加更多颜色，与远景形成对比，增强画面的空间层次感。

温馨提示

　　风景画中，近处的事物通常明暗对比强烈，颜色也更加鲜艳；而远处的景物则相对灰暗。

　　如果远景和中景都以蓝色、绿色等冷色调为主，那么在前景部分添加少量的暖色调，如橙色、赭色等，能让整个画面更加生动活泼。

　　除以上介绍的方法外，自然笔记的绘画方式还有很多种。每个人都可以根据自己的喜好和擅长，选择最适合自己的方式去记录。

　　在刚开始以绘画记录自然笔记时，你可能会认为自己画得不好，不会画画。但请相信，这是非常正常的情况。因为任何新领域的学习和实践，都需要逐步积累。只要保持热忱和努力，相信每一次自然笔记的创作，都一定会进步和得到收获。

拓展

自然笔记实践中的实用绘画建议

只要有机会，尽量选择在现场写生，而不是依赖照片。通过亲身观察获得的第一手资料，往往更加真实生动和有价值。

在开始绘画之前，一定要先仔细观察并思考。简单地"嗖嗖"几笔就匆忙完成，并不是因为你的技法很熟练，而更多是因为没有经过大脑的思考处理。正确的做法：观察、思考，然后再描绘。只有通过这样的学习过程，画出来的自然笔记才会更加出色。

尽量采用较长连贯的线条，而不是过于零碎的笔触。

即便在绘画过程中发现了一些问题，也不必纠结和反复修改。不妨干脆重画一笔来修正，这反而更能体现出你的成长。

自然笔记的创作就像写作练习，只要用心投入，每一幅作品都一定会让你的绘画技能有所提升。让我们一起以积极的心态，不断探索属于自己的独特表达方式吧！

四 展示与交流

自然笔记不仅是人与自然交流的桥梁，还是人与人直接进行交流的优秀载体。通过作品展示与交流，开拓视野与思路，发现他人的长处，弥补自己的不足，从而使自己更善于观察、更精于表达、更能感悟自然的美好。所以说，自然笔记始于观察、成于记录、美于绘画、终于交流，缺一不可。

在教学过程中，往往是老师教、学生学。这一次，建议广大老师，不妨和学生一起做自然笔记，通过这种新颖的教学方式，让课堂变得更加生动有趣，达到教学相长的目的。

学生们总是崇拜老师，认为老师知识渊博，在专业领域几乎无所不知。一起做自然笔记，一起观察植物、考察泥土、向蜗牛提问，可以让学生理解老师之所以能学富五车，全来自一点一点的积累。

学生们也大多信服书本，服从权威，多使用纸面知识。在自然观察和做自然笔记的过程中，他们会观察到花的雌雄蕊在不同时间发育，进而认识到其中蕴含的生存智慧；会探究花瓣色斑与传粉昆虫的关系，感慨协同进化的巧妙绝伦。真实的生命、生动的场景会让书本变活，让理论有灵魂。活跃的教学能让学生理解，要多思考，敢质疑，遇事多问几个为什么，唯有实践才是检验书本、检验真理的唯一标准。

"言传不如身教"，老师的行为就是学生最好的榜样。学生渴望自然，却因囿于学业而对自然有些疏远。老师引导他们听风声、闻花香、摸树皮，用多种感官去发现自然的美丽，感受生命的顽强，从而更加珍惜、爱护自己以及身边的自然环境。

学生在教学植物园温室创作

学生分享自然笔记作品

"知行合一"，学生了解了自然笔记的基本结构和要素，还需要老师现场亲自示范，观察什么、怎么画、怎么写，等等。学生看着一篇优秀的作品在眼前诞生，以此为知。学生自己动手做自然笔记，老师巡回指导，及时解答学生的疑问，给予积极的反馈和建议，以此为行。由此，学生的观察会更系统，记录内容会更丰富，书写绘制会更全面。

"三人行必有我师"，学生人数众多、性格各异，与他们在一起时，总会有多种发现相辉映、各种思想相碰撞。自然界的奥秘多如矿藏，足够大家一起来深挖：同一朵花，有人看到花瓣的数量规律、有人关注蜜源如何产生，不一而足。每个人说一说自己的视角，谈一谈自己的作品，互相学习，互相借鉴。老师也可以获得启发，不断反思和调整自己的教学方法和策略。这种互动式教学有助于形成师生共同学习、共同进步的良好氛围，提高教学效果。

黑白稿茄子自然笔记作品汇集

色彩水生生物自然笔记作品汇集

老师与学生一起做自然笔记具有诸多优点，不仅能够提升学生的观察力和创造力，还能加深师生之间的情感联系，促进教学相长。因此，在教学过程中，希望老师可以积极尝试和推广这种教学方式，让学生在轻松愉快的氛围中学习和成长。

（一）办一个自然笔记展览

我们都熟知一个道理：你有一个苹果，我有一个苹果，互换后俩人各有一个苹果；但是，你有一篇自然笔记，我有一篇自然笔记，相互展示与交流后，我们每个人的脑子里就有了两篇自然笔记。

学生自然笔记作品现场展示

第一届"金蕊"自然笔记优秀作品展示

我们一直鼓励自己和孩子们对自然进行观察和探索，建立牢固的人与自然的连接。孩子们创作出自然笔记后，会不会迫不及待地想向大家展示、与大家交流，建立人与人的连接呢？为了激发学生对自然的热爱与探索精神，教师可以组织一个班级或整个学校的自然笔记展览，让学生相互欣赏、相互点评、促进成长，形成"创作—分享—提升—再创作"的闭环。

以下是开展班级自然笔记展览的一些建议，教师可以根据实际情况进行调整。

1. 自然笔记展览的开展流程

（1）明确主题

首先，教师明确展览主题，确定一个与季节、学校特色或学生兴趣相关的主题，如"春天的脚步""校园生态"等，以确保展览内容有趣且富有教育意义。

（2）活动指导

教师需要动员学生积极参与，解释展览的意义和目的，激发他们的创作热情。需要向学生提供关于自然笔记创作的基本技巧和方法，指导他们如何观察、记录自然现象和生物，鼓励他们发挥想象力，将个人体验和感受融入作品中。有了明确的主题，动员组织后征集来的作品，效果比征集现有作品更好。

（3）作品征集

在创作阶段，教师要定期收集学生们的自然笔记作品，并及时给予反馈和建议。尽量动员全员参与。指导时要考虑内容的多样性和平衡性，确保展览内容丰富多彩。

（4）布置场地

选择明亮、通风的教室或走廊作为展览区，精心布置场地，设置合适的展示板或展示架。引导学生参与布置过程，加一些装饰元素，如绿植、花卉等，以营造自然、清新的氛围，使展览美观又易于观赏。

（5）宣传交流

如果条件允许，给展览组织一个简短的开幕式，邀请校领导、其他班级的同学和家长参加。邀请部分同学分享他们的创作经历和感受，设立留言板，请参观者写下自己的感受和建议。利用学校广播、微信公众号等渠道进行宣传，吸引更多的人前来参观。

（6）总结升华

展览结束后组织一个总结会议，鼓励学生分享参加展览的收获与感受，表扬和奖励表现突出的学生，鼓励他们继续创作。还可以将展览的照片和优秀作品整理成册，作为班级资料保存，供学生日后回顾和学习。

自然笔记是一项富有创意的活动，班级作品展览也可以群策群力，多姿多样。

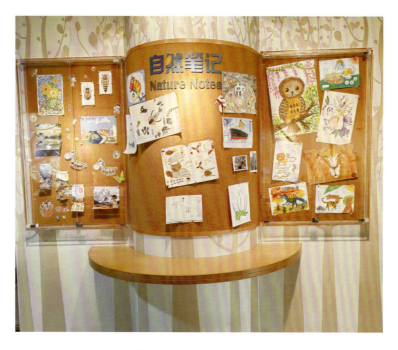

上海自然博物馆中孩子自然笔记作品展示角

2. 自然笔记展览形式

（1）实体展览

　　将自然笔记作品以框架或展示板的形式固定在墙面或展台上，供观众近距离欣赏，或者按照主题或内容分类展示，如"植物世界""动物乐园""季节变化"等，使展览更具条理性和观赏性。现场环节安排学生志愿者担任讲解员，或者设置自然观察角，提供放大镜、显微镜等工具，让观众亲自观察自然样本，开展自然笔记创作体验活动，提供纸张和绘画工具，让观众现场创作自然笔记作品。以此增进大家对作品的直观感受，体验自然之美。

（2）电子展览

　　利用投影或幻灯片形式，通过电子屏幕将自然笔记作品以动态的方式呈现，增加观众的视觉享受。设置触摸屏或互动屏幕，点击了解作品的详细信息或背后的故事。将自然笔记作品以图片或视频的形式上传到班级网站、学校公众号等平台，让更多人在线欣赏和学习。

（3）讲座与分享会

　　邀请专家或老师举办自然知识或观察技巧的讲座；举办分享会，让优秀作品的作者分享创作经验和学习心得；开展观众投票活动，让观众选出最受欢迎的作品；引导学生参加自然笔记创作比赛；开展班级自然笔记漂流瓶活动等。

　　这些多样化的展览，不仅能够展示学生的自然笔记作品，还能够增强观众的参与感和体验感，激发学生的创造力和观察力，增进学生对自然的理解和热爱，提升学生的表达能力和自信心，培养学生的环保意识和责任感，促进班级内部的交流与合作。

（二）参加自然笔记赛事

参加自然笔记赛事，对于学生而言，是一次与同龄人切磋过招的机会，也是富有挑战性又充满乐趣的任务，令人振奋。教师应当鼓励学生参加这样的比赛。

以下是参加自然笔记比赛的一些建议：

1.仔细阅读赛事的官方指南或规则，了解参赛作品的主题、格式、尺寸、提交方式等具体要求，确保作品符合参赛标准。

2.选择一个自己感兴趣且具有代表性的自然对象进行观察，比如一棵树、一朵花、一片云或一种动物，并确保能够对其进行详细的观察和记录。

3.前往选定的观察地点，仔细观察并记录下对象的形态、颜色、纹理等特征。注意记录观察过程中的感受和思考，这将为自然笔记增添独特的个人表达。

4.为使参赛的自然笔记作品更加美观和丰富，可以在做好观察记录后整理并完善。也可以进行重新设计版面、绘画、誊抄文字及添加必要信息等二次创作。教师在此过程中能起到非常重要的指导作用。

5.确证作品的原创性，绝对不能抄袭或由他人代劳。

6.提交作品要依照赛事规则和时间。纸质原件的尺寸要符合要求。如果提交的是照片或扫描文件，要确保清晰、完整，能充分展示作品。提交电子版的同时还要保存好原作，以备复赛时需要提交。

（三）制作自然笔记纪念品

当孩子们的自然笔记创作达到一定数量或者一定质量的时候，我们总希望展示、分享它们。无论是图画、照片，还是实物加文字，自然笔记的作品形式总体上来说比较单一。除了展览以外，还可以从中选择一些优秀作品、精彩元素制成自然笔记纪念品或周边产品。既可以将自然的美好和魅力融入日常生活中，还可以把它作为礼物赠送给亲朋好友，同时也可以提高人们对自然环境的关注和保护意识，更好地达到分享传播的效果。

制作自然笔记周边可以选择典型而精美的动植物类图案，也可以选择场景之类的图案。以下是一些常见的周边产品类型，以供参考。

1. 单张类纸制品：明信片、书签、便签等

设计以自然景观和动植物为主题的手绘插图明信片、书签或便签等，不仅可以作为礼物赠送给亲朋好友，还可以在读书、写信或留言时增添一份自然之美。因为同样都是纸质产品，具有转化较为容易、成品质量能够得到保证以及成本低等优点，不足是能呈现的作品数量有限。

2. 装订类纸制品：笔记本、自然笔记日历

笔记本是人们学习、生活中较常接触的物品，优美的图案让使用者在记录生活、工作的同时也能感受到自然的温馨与和谐。自然笔记日历比较独特，可以按月成册也可以是单独一张。这些产品实用性强，能呈现系列作品，但是成本较高。

3. 粘贴类产品：贴纸、胶条

贴纸、胶条使用方便、装饰效果明显，是很受欢迎的产品。需要注意的是，设计时应尽量选择单个动物或植物的花、叶等线条明显、图案美丽的元素。

4. 环保袋、笔袋

将自然笔记中的图案印在环保袋或笔袋上，既实用又美观，还能传递环保的理念，可以说几乎是各种周边产品的必要选项。因为印刷材料不同及工艺差异，需要注意原作与成品的差异，尽量选择图案清晰、色彩明快的作品。

5. T恤、帽子或围巾

将自然笔记图案印在T恤、帽子或围巾上，打造独特的服装风格，展示对自然的热爱和关注。百变围巾能够满足户外活动者多样的需求。服饰类的纪念品特别适合大型或集体活动使用。

6. 徽章、钥匙扣与挂饰

可以说不论哪个年龄阶段的人，几乎都无法抵挡这些颜色鲜艳的金属徽章或者毛茸茸挂饰的魅力。将自然笔记作品缩小并制作成徽章、钥匙扣与挂饰，方便人们随身携带，时刻提醒他们关注自然。

7. 电子周边：鼠标垫、手机壳与平板壳

手机等电子产品越来越趋同，但是手机壳能彰显出更多的个性。制作以自然笔记为主题的鼠标垫、手机壳与平板壳，让电子设备也充满自然的韵味，如森林、海洋等元素。

8. 自然笔记主题咖啡杯、马克杯或餐具套装

设计一系列以自然笔记为主题的咖啡杯、马克杯或餐具套装，让人们在享受咖啡或茶以及其他食物的同时，也能感受到自然的温馨与和谐。

9. 绘本、故事书或作品集

以自然笔记为灵感，以所观察的动植物为主角，创作绘本或故事书，可以培养孩子连续性绘画或者一群孩子团体协作绘画的能力，让孩子们在阅读中了解自然、热爱自然。如果已经收集了许多优秀作品，整理后出一个作品集进行交流，也很不错哦。

10. 数字形象

电子信息泛滥的时代，我们特别鼓励孩子们观察真实的事物，但并不妨碍将自然笔记作品制作成数字壁纸、表情包或动画，让更多的人在数字世界中也能感受到自然的美丽。

以自然笔记素材制作的明信片和日历

老师们都知道，在开展教育教学活动前先要了解学情。开展自然笔记活动也是如此，不同年龄段的学生在对自然笔记的理解、记录方式、内容呈现上都有着不尽相同的特点。我们通过在日常工作中不断地观察、揣摩、分析，总结出从幼儿园小朋友到初高中生做自然笔记的偏好和特点，帮助老师们更有针对性地指导学生开展自然笔记活动。除此以外，我们还会给出不同学科背景的教师群体以及艺术家做自然笔记的特征，供老师们以更全面的视角把握自然笔记在不同人身上产生的多样变化。

一 不同人群记录自然笔记的特点

幼儿园的小朋友往往是最大胆、最有自信的一个群体，为什么这么说呢？他们往往不会太认真地听你讲述什么是自然笔记，但是，明确而又契合他们兴趣的任务能够让他们跃跃欲试。他们的记录风格虽稚嫩，却笃定。这种笃定是我们所羡慕的，也是我们希望每个做自然笔记的人身上都存在的宝贵品质。

王鹏老师曾经观察过自己的女儿——一个幼儿园大班的小朋友做自然笔记的过程，让我们从王鹏老师讲述的这个故事中感受一下她的自信吧！

"在一个室外还不算太冷的秋日下午，女儿一边捡拾叶片，一边记录它们的色彩和形态，用颜料晕染着茶条槭、银杏、白杜或火红或金黄的颜色变化，耐心地勾勒着叶缘的锯齿或波浪。她仿佛很满意自己的作品，每画好1—2种叶子又跑到周围的草地上找寻不同颜色的叶子。不一会儿，她便会因为自己找到了更火红或更硕大的叶子而兴奋地跑过来与我分享，之后又一屁股坐下去，左手扶着茶条槭的叶子，右手抓起铅笔，不时还皱着眉仔细端详叶缘的裂片凸起或凹下的角度。快速地勾完外部轮廓，她又飞速地抓起水彩画笔，在调色盘上方左右移动挑选着她心目中合适的棕色，小心翼翼地在明显比真实叶片瘦小一圈的轮廓内涂满棕色，之后又象征性地蘸取了一些红色点在叶子的边缘。我想她一定发现了这片叶子中间裂片大、两侧裂片小的形态特征，也一定发现了这片叶子并不是通体棕色，而是棕中带红，还有一些褐色的斑点，但是由于手指的控制力还比较弱，又没有接受过系统的美术教育，所以她画的图还是与真实的叶子有很大差距。哦，对了，她还在每片叶子下方设计了一个迷你的方格，让我帮忙写上这些叶子的名字。"

秋天的叶　作者：张佩宁（大班）　北京市西城区马连道幼儿园

（一）小学生群体

可以说，小学生是自然笔记"最忠诚"的群体，从我们举办的"金蕊"自然笔记征集评选活动中小学阶段作品数量占比最多这一点就能初见端倪。他们既不像幼儿园小朋友随意性那么强，也不像初高中的大哥哥、大姐姐那样因为课业压力过大而没有充足的时间进行观察与记录。

他们的心里仿佛都有一个无形的框框，这是一个关于科学、准确、美观、期待获奖等的限制框。当这个框框开始起作用时，小学生的记录就有可能会出现以下特点：

第一，在做文字记录的时候常常会出现"照搬资料"的情况，其中有一部分体现在对观察对象特征的描述上，另一部分则体现在对观察对象特征以外的像是原产地、分布区域、药用价值等信息的补充上。月季花是同学们热衷记录的观察对象，他们对于月季特征的描述很可能会出现"月季花是蔷薇科属的常绿、半常绿低矮灌木……"，同时很可能会补充"月季花的药用价值最早载于李时珍的《本草纲目》，月季花具有活血、消肿、解毒的功效……"。这些同学可能认为自己的知识不够丰富、语言不够科学准确，不敢将自己的语言标注在绘图旁边。有些同学则出于构图的考虑，担心画纸若有空白的地方会使得作品整体不够均匀美观，从而希望通过补充更多"有用的"信息来充实内容。这样的作品更像是一幅同学们都非常熟悉的手抄报，而非自然笔记。

第二，手绘图部分风格卡通化、装饰元素过多，甚至出现直接临摹优秀作品或打印现有模板涂色的情况。真实的大自然是复杂而多变的，我们甚至找不到一条完全平直的线条，找不到两片相同的叶子，这是大自然的魅力所在，但也会给同学们在绘画时造成一定的困难和阻力。于是，很多同学会将亲眼所见的观察对象进行转化，原本富有起伏的叶缘变成了圆滑的，原本体节形态不太圆润的蚕宝宝变成了相同的圆球相接，还有的同学会认为真实的记录不够美观，出现给花朵加笑脸、给昆虫加蝴蝶结的情况。如果能够在把握真实性、科学性原则的前提下进行适当的美化和装饰，是可以接受的做法。但若是满篇只有卡通形象和想象的绘图，则是与自然笔记倡导的理念相违背的。

当然，当小学生能够领悟自然笔记的真谛时，就会沉浸其中，他们会关注到樱桃树开花时蜜蜂伸出口器采蜜的现象，会详尽地记录自己种植凤仙花的全过程，还会把家里空调室外机与墙体之间的一窝珠颈斑鸠育雏的过程（见《珠颈斑鸠孵鸟记》）描绘得生动形象。

珠颈斑鸠孵鸟记　作者：盛彦蕾（二年级）　首都师范大学实验小学

（二）初、高中学生群体

初、高中的学生相较小学生来说，无论是认知水平、知识储备还是观察能力都有质的飞跃。但是从征集到的作品来看，作品的数量和质量却往往不如小学生。比如，要记录一种植物的生长过程，有的学生就会用非常简洁的几幅图片和几句趋同性很高的语言来展示发芽、长叶、开花、结果的过程。也有学生的作品几乎体现不出自然笔记的任何要素，更无法辨别其亲自观察的痕迹，比如整幅作品只有一枝刻画得十分精美的百合花。王鹏老师有一次带领初中的学生记录冬小麦三叶期的自然笔记，发现同学们更倾向于调动自己学习过的生物学知识来进行记录而非基于自己真实的观察。这一点与小学生相似，若不是从书本上学来的准确知识或是网上查到的详尽资料，是不敢于写在自己的自然笔记上的。

出现这些现象的原因并不难理解，初、高中学生的学业压力较大，能够沉下心来用2—3个小时观察、记录一种生物是非常奢侈的。辅导教师也会由于课时紧张、学业要求等因素，倾向于让学生自行学习如何做自然笔记，这就使得学生理解的自然笔记与基于真实观察的自然笔记相去甚远。

但是，当初中生们愿意沉下心来找到一种自己感兴趣的自然物，耐心描绘，深入查找资料时，呈现出的作品也是非常精彩的。

蟑螂观察笔记　作者：刘任于（初一）　北京师范大学附属中学

（三）教师群体

教师是带领学生迈进自然笔记大门的重要角色之一。有了教师的正确指引，特别是教师能够用自己记录自然笔记的亲身体会和经验来教授学生时，学生们便会渐渐爱上创作自然笔记。

通常来说，教师可以分为有美术或生物学科背景的和没有美术或生物学科背景的两大类。其中以是否有美术背景来划分更常见。虽然说绘图并不是做自然笔记的唯一手段，图画的美观性、精美度也不是评判一幅自然笔记作品的核心标准，但是人们常常会对画得不好这一点耿耿于怀，尤其是作为教师的我们，认为自己只有文字部分表现出色是不具有说服力的。

有美术基础的教师在关注到一个感兴趣的自然物时，会更快速地下笔记录，不会反复地涂改或更换观察对象，这从一定程度上反映了教师们对于做自然笔记的信心。

而没有美术基础的教师常常因为害怕自己画得不好、画得不像而迟迟不敢下笔，或不断更换观察对象；又可能担心自己完成一幅完整的记录需要花费很长的时间，而在有记录冲动时说服自己放弃。有美术基础的教师是不是就完全得心应手了呢？通过观察以及结合自身的经历来看，有美术基础的教师也会因为自己的美术背景而将更多的注意力放在如何画得更细致、颜色更逼真上。这些当然无可厚非，然而在有限的时间里，却会因此或多或少地忽视了对有趣现象的关注、对自然物周遭环境的记录，更不用说及时关注内心的好奇和疑问了。与之相反，没有美术基础的教师可能更倾向用较多的语言文字来记录，以弥补绘图方面的短板。

教师还有一个共同的特点，那就是有极强的规则意识。有了规则意识，教师们做起自然笔记来就不够放松。这种不放松会体现在不同的方面，比如握笔太紧、握笔位置较低使得线条较为生硬、不够流畅；再比如描述时，每一句话都会尽可能做到主谓宾完整、科学准确；又或者在构图上总是遵循着从左往右、从上到下的顺序来下笔；等等。

官厅水库一日游　作者：陈思源　金色摇篮全程实验学校

作者自述：昨天去官厅水库北岸，亲水、观植物。带回来一堆植物，慢慢画。画完才发现，全是带刺的家伙。为了捡拾海棠果，裤腿和鞋上，粘的全是鬼针草，它想被我们带走。

秋果集（二）　作者：李春英　北京市房山区周口店中心小学

作者自述：校园里的果子快熟了。山楂比别人家的晚，还没有全红。海棠有两个品种，大果的早红了，不知道被谁摘走了。小果个别的变色了。柿子也是两个品种，小柿子变橙色了，大柿子还是绿色的。金银木的小果子红透了。

（四）艺术家群体

艺术家可以说是自然笔记记录群体中的"恐怖分子"，这当然得益于他们娴熟的绘画功底，富于创意的布局构图，鲜明突出的个人风格。

本书的作者之一丫丫鱼老师便是我们身边的"大牛"，白天他背着拍鸟的"大炮筒"（口径较大、很长的相机镜头）到植物园里拍摄素材，记录不同季节出现的鸟类、小型哺乳动物等，晚上回到家里整理照片，对照照片和凭借脑海中的印象做自然笔记。更多的时候，丫丫鱼老师会"长"在植物园里，对着每天新开放的花朵写生记录。

由于没有自然科学背景以及凭借艺术家敏锐的观察力，丫丫鱼常常会发现一些被我们忽视的细节，或是对我们习以为常的现象发出疑问。当然，更令人羡慕的是，艺术家记录的自然笔记是相当高产的，丫丫鱼仅在坐飞机的空闲时间里就能产出多幅笔记。他的记录形式和内容也是丰富多彩的，照片粘贴、铅笔速写、艺术字体、关注园艺工具等等，让每一篇笔记都充满新意。

天坛的九月　作者：丫丫鱼

百草园的夏天　作者：丫丫鱼

另一位艺术家舒涵 LSH 拥有美术与植物学双重背景，擅长钢笔淡彩、写实水彩类手绘，她做的自然笔记既有科学性，又极具艺术美感。下页两幅作品就是很好的例子。第一幅作品画面中植物园温室的大幅场景与植物特写交相辉映，整体色调淡雅而明快。更值得一提的是左下角的手绘地图不仅让画面更加饱满，还能记录观察的地点，真是一举两得。放松优雅的艺术字、艺术印章也为画面增添不少趣味。我在欣赏画作的同时，不禁拿出笔记本把这些妙招悄悄记录下来，希望日后也能为自己在做笔记时增加一些亮点。

第二幅作品中的几只五彩斑斓的甲虫跃然纸上，不仅形态结构科学而逼真，就连虫体上的斑纹、反光都表达得淋漓尽致。虫体旁的阴影、线条概括的树叶，让这些昆虫仿佛趴在画纸上一般。恰当的构图也是艺术家们的秘密法宝，甲虫们有的朝向右上，有的仿佛正要爬出页面，错落有致的安排使得画面动感十足。

艺术家的自然笔记可能会给普通自然笔记记录者们带来一定的压力，让人惊叹于他们用简单几笔便能概括出事物的形态。与此同时，我们也能够从他们的作品中获得许多灵感，关于记录的内容、观察自然的视角、构图的趣味性、上色的技法等等。

我们不妨学着幼儿园小朋友的自信，大胆拿起笔开始记录。自然笔记并不是要我们画得多么绚丽精美，写得多么科学准确，最重要的是我们开始关注自然，开始用自己的视角记录发现。不用管旁人的看法，不用管要不要交作业，更不用管书本里怎么说、资料里怎么写。当你开始记录，你就拥有了和自然对话的秘密法宝。

华南植物园　作者：舒涵 LSH

甲虫记录篇　作者：舒涵 LSH

二　点燃自然笔记的创作热情

兴趣是最好的老师，在做自然笔记方面这项原则显得尤为适切。下面是北京教学植物园王鹏老师的自述，从这段描述中，我们便能发现这一点。

"初次接触自然笔记，便知道了兴趣最重要这种说法，无论你选择用怎样的方式来记录，一定要选择你最感兴趣的对象。我想至少对于刚刚入门的自然笔记爱好者，兴趣一定是最重要的。

"作为一位植物园的老师，我天然对植物的喜好比动物更多一些，在以往所做的自然笔记中，对于植物的记录也要远远多过动物。我会在春天的中午只带上一支勾线笔、一个速写本来到园子中，记录随机遇到的各式嫩芽——山茱萸的花芽被四片鳞片包裹成一对对鼓鼓的球状，牡丹顶着可能是园子里最壮硕的芽，嫩红色带锯齿的叶子已经迫不及待地从芽鳞中挤了出来。到海南旅游，我也不忘随身携带记录工具，早春的滨海路上，一朵朵掉落的手掌大小的橘红色木棉花成了那天最令我兴奋的发现。

"当然，随着记录时长的积累，我也会自然而然地放大自己的关注视野，会对植物周围的一些现象产生兴趣：我开始给正在浅水坑里喝水、洗澡的金翅雀拍照，也给苍山采蘑菇之旅中挖到的各色真菌逐一拍摄'证件照'，对着'证件照'做自然笔记。我想，这就是自然笔记的无穷魅力，它会让你沉下心来仔细端详一草一木的精致形态，会让你不再满足于用照相机留存繁花绽放的动人瞬间，会让你对大自然中越来越多的生灵产生浓厚兴趣。"

苍山寻菌记　作者：王鹏　北京市少年宫（北京教学植物园）

除此以外，老师在引导学生做自然笔记时可以用一些小技巧、小窍门，能有效地帮助学生克服畏难情绪，让他们敢于下笔、敢于记录。当然，这些技巧也同样适用于已经走进自然笔记大门的"熟练选手"。有时候你可能会觉得自己的记录千篇一律，有时候又不知道该记录什么，相信这些小 tips 一定会帮助到你。

（一）本子小一点，工具少一点

当我们习惯于拿着 A4 大小的速写本，用铅笔起稿，用勾线笔描边之后再用水彩上色时，你有没有想过，这一切可以更简单一点、更便利一点？找一个 32 开大小的本子，或者就是随手拿上印有横格的笔记本、作业本，只用一根勾线笔就可以开始记录。不需要专门整理一个背包，身上轻便了许多。小幅面的纸张、简单的画材让我们不必担心填不满纸张、画面太空，也不必为这次观察预留过多的时间，因为起稿、勾线、上色这一套流程下来，少说得花去 2—3 小时，而简单的工具让我们在一段小小的空闲中就能在本子上留下点什么。去试一下吧。

（二）说得多，记的自然多

不知道写什么、观察不到自然物的特征是很多刚接触自然笔记的人的苦恼。那就试试在下笔前增加一个用嘴说的过程吧！随便拿起手边的一个物品，杯子也行、文具也好，从各个方面描述一下它的特点。欸？你是不是觉得说出来要比写下来顺畅得多，关注到的细节也会增加不少？把这种方式加入你观察的过程中，一定会使记录更加丰满。特别提醒一下，这个"说"一定是大声说，而不是在心里默念，如果你觉得自己完成有点尴尬的话，那就叫上你的小伙伴一起来吧！

（三）比一比，找不同

大自然中有很多生物是很相似的，比如桃花和杏花、松树和柏树、乌鸫和乌鸦等等，把相似的物种进行对比记录，也是自然笔记主题中一个很棒的视角。就以桃花和杏花来说吧，只要仔细观察，就能发现它们的差别可大啦。杏花的开放时间要早于桃花；杏花开放时叶子还没有长出来，桃花则是花叶同时长出；杏树皮是粗糙的深棕色，桃树皮则是红褐色；它们的叶形也不一样，圆圆带尖的是杏，长条形的是桃。相信通过你的观察，还能发现更多的不同。记录得多了，说不定还能形成一个相似生物的作品集呢！

（四）加点创意，更多乐趣

自然笔记的创意技法有很多，我们可以尝试这些做法：

1. 习惯了纵向构图，试着把纸横过来。
2. 临摹网络上的艺术字体来书写主题。
3. 将捡拾到的羽毛、树皮贴在本子上。
4. 围绕着绘制的图片书写文字，将文字排列成弧形。
5. 把纸覆盖在有纹理的自然物上，比如树皮，再拓印。
6. 把带有格子的日历当作画纸，每天记录一个吸引你的点。

（五）换种方式画

芮东莉老师在她的自然笔记书中记录过一种画法[1]。在野外观察时，因为没有带笔，

---

[1] 芮东莉. 自然笔记：开启奇妙的自然探索之旅 [M]. 长沙：湖南科学技术出版社，2020.

芮老师便采了一些植物的花朵和叶子，利用植物天然的色素在纸上记录。尽管用这种方式绘的图不够精致，但这种记录的方式难能可贵。要注意，我们这样做的前提是不破坏环境。

（六）从一个局部开始

如果说记录整体太难，那就从一个局部开始。叶子是更容易上手的观察对象，今天就来画不同的叶子吧！

（七）量一量，用数据来说话

大自然的万物中都隐藏着各种数字，我们不妨在记录的时候用尺子量一量，比如昆虫触角的长度、果实的直径等。

（八）我用阳光做画笔

找一个晴朗的日子，手拿一张白纸，走到有植物的地方，将白纸放在植物下方，快看，阳光在纸上作画啦！放得近一些，找不同的角度来投影，用手机拍下来……谁说自然笔记一定要用笔来记录呢？

（九）给自己记个时

用手机定时 30 分钟，用速写的方式，看看能记录多少身边的物种。

（十）翻看之前的笔记

定期翻看自己以往做的笔记，你会发现自己在扎实地进步，还会发现四季的更迭。这时有没有想要对自己说的话？有的话用便签纸写下来贴在本子上吧！

三　自然笔记与学科教育如何结合?

如果请你说一说自然笔记与哪些学科有关联，你会给出怎样的答案呢？我们会在自然笔记的描述中写到某种植物是草本还是木本，会标明昆虫的翅有 2 对，足有 3 对，这涉及科学学科。我们会采用写生、白描、上色等方式描绘观察对象，这涉及美术学科。我们播下矮番茄的种子，精心地浇水、施肥，等待它结出饱满的果实，用自然笔记的方式记录它的生长过程，这涉及劳动学科。当然，你的答案一定不限于此，这是自然笔记自带的跨学科属性，也是它可以在很多场景应用的魅力所在。作为教师，我们如何将自然笔记整合到现有的课程中，又如何在整合中发挥 1+1>2 的效果？下面的三个案例一定会给你诸多灵感与启示，你可以结合自身开展的课程，灵活运用文中提到的各种策略，让自然笔记助力学生的全面发展。

（一）案例一

田楠老师是北京市东城区和平里第一小学的美术教师，作为美术教师的她对于辅导学生做自然笔记可以说有天然的优势。从 2018 年初识自然笔记，她就带领学生进行实践并逐步摸索出了"画形、画意、画情"三步指导法则。更可贵的是，田楠老师以自然笔记为抓手进行校本转化，并与中华优秀传统文化、校园文化相结合，形成了丰硕的育人成果。让我们跟随田楠老师的步伐，走进她的自然笔记课堂吧。

自然笔记育素养 师生共享草木绘 ①

田　楠

田楠，北京市东城区和平里第一小学美术教师，高级教师，区级学科带头人，区级教育新秀和先锋党员榜样。2023 自然笔记教师培训组专家讲师，东城区书画协会会员。出版发行美术教育类丛书，在自然笔记活动中辅导学生多次获奖，作品被出版物收录并获得优秀辅导教师奖。

> "自然笔记是我们与自然沟通的心灵纽带，像朋友般的沉浸式拥抱。"
>
> ——田楠老师手记

自然笔记是科学与美学、自然与人文的多学科融合，通过自然笔记以图文结合的方式观赏、记录大自然是一个方便的途径，自然笔记之美表现的是客观意趣之美。对于老师和学生而言，自然笔记仿佛有魔力，一直吸引着我们不断探索与实践，在笔记中可以真实地认知自然，感知与自然的关系，通过记录发现自然的美丽、神奇与伟大，同时树立健康的人生观与价值观。

1. 准备篇——结缘自然笔记

作为教师，我首次接触到自然笔记是 2018 年。在此之前，我对自然笔记是一无所知的，也没有带学生画过，可以说是一个新手。

接触自然笔记伊始，我首先对学生进行了学情调研，主动了解学生们的困惑。在调研反馈中，我发现学生们的困惑主要有以下几点：自然笔记的绘画题材如何选择？绘画技法不熟练造成画面效果不好怎么办？自然笔记的观察方法与创作技巧有哪些？等等。

这些困惑与问题，成为我和学生们的探索路标，一步步引导着我们与自然笔记成为好朋友，共同成长。

---

① 本文中全部作品均由田楠指导和平里第一小学学生创作。

2. 实践篇——自然笔记活动的实践

在摸索的过程中，我认为要从教师、学生和家长三方面形成实践合力，助力自然笔记的创作。

知己知彼，百战不殆。作为教师，如果想要引导和辅导学生，那么自身就要主动学习。我的学习路径有两条，第一条是理论学习，途径包括看书、上网查询和参加培训。第二条是教师的实践绘画，化解难点。同时，我还关注了一些自然笔记的公众号，通过自学丰富对于自然笔记的认知。

纸上得来终觉浅，绝知此事要躬行。有了理论基础后，教师要亲自实践绘画自然笔记，在绘画自然笔记的过程中，哪里不顺手了，哪个地方画起来有困难，换位思考学生在这里很大可能也会遇到困难，比如遮挡关系、植物的穿插与转折、叶片的翻转等。在辅导绘画的时候，可以通过教师示范绘画，帮学生解决绘画中遇到的问题，让辅导更具有针对性。

对于学生而言，我总结经验，分画形、画意、画情三个层次对学生进行辅导。

画形是通过观察，了解自然界中各种事物的基本特征与绘画技巧，写生记录自然物的样貌。

画意是结合动植物的特点，创作出真实且具有童趣的自然笔记作品。

画情则是通过自然笔记的创作，促进学生科学和艺术学科核心素养的提升。

在实践中，我首先采用基础培训的方式，让学生全员参与了解，引导学生在基础层面上有"三了解"：

第一，了解自然笔记的组成要素。

第二，了解正确的观察方法，以整体了解＋局部取景的方式创作自然笔记。

第三，了解版面设计，图文结合，多欣赏，提高自身审美。

其次，进行辅助技法的指导——线造型与上色的技巧。我的建议与经验是带着学生从线描造型入手。有的学生有想法但是笔头跟不上，表现技法有困难，因此要带领学生通过欣赏和临摹中国传统白描作品进行造型练习。白描中体现出造型概括的智慧，孩子临摹之后对于自然笔记的表现是有帮助的，同时可以引导孩子进行局部线描写生，为自然笔记打好基础。

在色彩上，水彩是个不错的工具，但是水分确实不好掌握，晾干时间也比较长，适合高年级的学生使用。我建议学生以使用彩铅和马克笔为主，它们都是百搭的上色工具，需要提示学生注意用渐变色表现动植物的明暗变化，用彩色铅笔的话建议学生叠加色彩进行上色。

最后，也是非常重要的一点，就是让孩子们基于真实观察绘画，我认为这是自然笔记的灵魂。引导学生去真实的情境中发现、观察、记录，这样的自然笔记才是灵动的、生动的，有故事、有情境的。鼓励孩子们通过作品来表达自己的真情实感，通过真情实感的记录＋情境故事的表达＋趣味情节的放大来进行思考。接下来，我结合绘画的实例进行说明。

《紫薇》体现的就是自然笔记的真实性。右侧为学生观察的紫薇花的照片，眼见为实。学生客观记录绘画的过程与感受，并且用相关知识和古诗词来展现紫薇花。

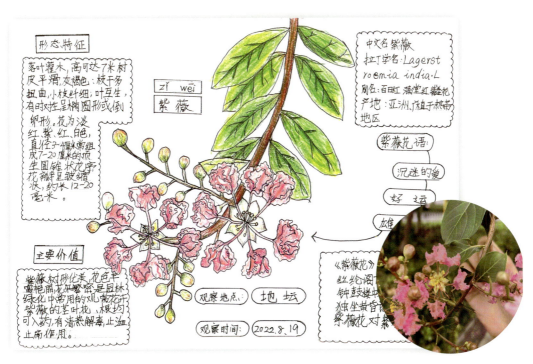

紫薇　作者：高雅（三年级）

《樱桃萝卜的种植记录》是一幅长期自然笔记，学生写生展现樱桃萝卜的成长历程和长期观察的过程。在图文排版上，通过展示过程的图画表现真实的观察结果。

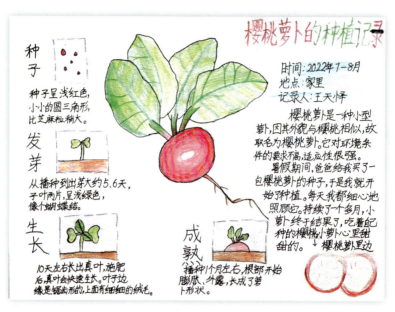

樱桃萝卜的种植记录　作者：王天怿（三年级）

《灰喜鹊》是在画面中表达情境故事，可以看到孩子表现了独特有趣的观察视角与观察的环境，从什么样的角度观察喜鹊一目了然。画作中流露出童趣，这是孩子情感的自然流露，也是这幅作品的温度。

灰喜鹊　作者：来梓容（三年级）

《猫的观察笔记》这幅自然笔记生动、直观，画作中孩子的样貌、小猫的样子以及姿势动态等等，都是客观还原的，还原度很高，包括孩子挂着小口罩的样子。我们能够从画面中感受到孩子对小猫的感情。

猫的观察笔记　作者：陈思羽（二年级）

引导学生发现生活中的兴趣点和细节，孩子的兴趣点在哪里，画作的温度也就体现在哪里。比如：《西红柿》中西红柿切开后的发现，《刺鱼——父爱如山》中小鱼与父爱的表达等，这些都属于自然笔记的范畴。学生通过感受生活中的美，进行有温度的表达。

西红柿　作者：陈元珩（六年级）

刺鱼——父爱如山　作者：王禹桐（五年级）

在家长层面上，主打家校合作，鼓励孩子与家长沟通，将自然笔记变为亲子家庭日的活动，全家一起感悟大自然、写生、采集标本。《条螽》中的条螽便是孩子和爸爸在朝阳公园共同发现的，从这幅作品中可以感受到亲子共同参与的乐趣。

条螽　作者：张浩钧（五年级）

在下面这对双胞胎姐妹的画作的创作过程中，家长主动参与活动，和老师沟通、发邮件，尊重姐妹不同的爱好。姐姐的画作是长期自然笔记《向日葵历险记》，妹妹的画作则是极具生活气息的《鸡头米》。从自然笔记中可以看到家长对孩子的支持与认可，这对于孩子们创作自然笔记起到了正面效果。

向日葵历险记　作者：李子玉（四年级）

鸡头米　作者：李子慧（四年级）

3. 总结篇——建立自然笔记课程体系

通过成长阶段的不断积累与探索尝试，我发现自然笔记这种形式具有很好的育人价值，和当下新课程标准中的跨学科整合要求相符合。将自然笔记表现形式与博物绘画结合，与校园文化和传统文化联动，同时为了让课程更具有系统性和可操作性，我选定医药本草植物作为依托媒介，结合二十四节气，配合中医药文化的校园特色，形成了校本化的常规课程《二十四节气本草绘》。

将自然笔记校本化，通过课程拓展，延伸自然笔记活动的成果。教师每周都花1课时，带领学生以写实的方式表现本草植物。在这个过程中，教师还自制了学习手册，包括最开始的绘画步骤，再到春、夏、秋、冬四季本草的知识，图文结合介绍中医药文化与绘画技巧；还通过博物绘本的创作，讲述本草植物的历史故事，受到了学生们的欢迎。

田楠《二十四节气本草绘》 教师自制学生学习手册

在摸索了两年后，学生自创绘画了二十四节气的本草古风画册，每种植物都配有对应节气的古诗词。

白露——桂圆（上）、枇杷（下）

作者：李承泽（五年级）

小雪——艾草

作者：李承泽（五年级）

二十四节气的本草古风画册

立春——红枣　作者：高雅（五年级）

二十四节气的本草古风画册

惊蛰——山药　作者：肖珺怡（五年级）

与实际生活相联系，我还和学生们自主开发、设计了多种表现形式的文创作品，如：书签、明信片、小品画、扇子等。

教师示范作品：二十四节气明信片　作者：田楠

多种表现形式的文创作品：白果扇子（左）、枇杷扇子（右）

作者：来梓容（五年级）、周苋瞳（五年级）

4. 结束语

通过这几年的不断尝试与积累，学生们的自然笔记学习兴趣得到了提升，课程体系得到了巩固与拓展，取得了丰富的绘画成果。我还将充分发挥自然笔记协同育人功能的优势，优化自然笔记的课程教学实践，提升课程育人的综合性与实效性，促进学生学科核心素养的发展。

（二）案例二

邢台市南陈村小学作为一所乡村小学，将自然笔记融入劳动教育的做法是一次大胆的尝试。我们能够看到南陈村小学的老师们引导学生通过"八个细节"的观察方法见证作物们生长的完整过程，感悟一颗小种子生长发育的巨大能量。通过每周一次的观察与记录，为孩子们提供更多的与大自然接触、与泥土接触的机会。在做观察笔记的过程中，锻炼能力、发展思维、提升审美，从而实现全方面发展。

在劳动教育中融入自然笔记

——来自一所乡村小学的实践探索 [①]

溪志英　邢台市南陈村小学副书记

河北省邢台市南陈村小学创建于 1948 年，现校址由南陈村村委会投资和村民集资兴建，1993 年 9 月搬迁于此。目前学校为全日制公立完全小学，隶属襄都区教育局。学校占地 11050 平方米，建筑面积 1700 平方米，图书室藏书一万三千余册。有 11 个教学班，在校学生 488 人。

南陈村小学位于农村社区，有着丰富的土地资源，开展以农耕为主题的劳动教育再合适不过。但老师们认为学生不能为了劳动而劳动，更不能让劳动只停留在表面，于是就想到以观察笔记为工具，把数学中的测量、计算，语文中的文字描述、记录、对自然的观察，美术中的写生等学科要求与劳动教育结合起来。将观察记录的结果作为学生的劳动成果，通过分析作物的生长情况，在劳动教育中实现五育融合，让劳动

---

① 本文中所有自然笔记作品均由溪志英指导邢台市南陈村小学学生创作。

内涵更丰富、劳动成果更多样，助力学生综合素养的提升。

想法很丰满，但现实很骨感。在学校里，美术老师是稀缺资源，开展劳动课程的老师不知如何引导学生绘图，其他任课老师也不知从何下手，即使做了一次培训，效果也并不明显。但我们决定边做边完善，不怕开头多寒碜。

首先，老师们制作了较为详细的植物、动物的观察提纲，包括生物体的基本结构、动物圈舍、田块的状态，农田中的生态关系等，引导学生更有针对性地进行观察。其次，在第一次劳动课上，由自然教育导师指导学生观察植物的特征、生长状态；测量植物的各项数据，包括株高，叶子的长、宽、数量、形状、厚薄、光滑绒毛、边缘、味道、虫痕等方面。花和果实按照类似的方法进行全面的观察和记录。我们对学生有一个定量的要求，就是必须记录到八个细节，这一点很重要。学生一开始可能只是为了凑数，但这个要求迫使他们沉下心观察到更多细微之处。通过几节课的刻意练习，同学们从一开始不知观察哪些方面，到可以较为轻松地找到4—5个细节特征。而对于老师们不太在行的绘画，老师们鼓励学生一定要相信自己的眼睛，看到什么就画下来什么，没有任何限制。

此后每周一节劳动课，在开展为作物播种、浇水、采收等劳动环节后，由学生针对自己负责的作物进行观察和记录，记录的结果会由每班的班长收集到学生的成长档案袋中。通过2—6年级一学期的实践，老师们发现一半以上的学生都能完成观察记录，能够通过自然观察笔记的方式了解动植物的特征，记录作物生长的规律，发现种植过程中的问题，形成观察记录的好习惯。

语文老师表示，课标中对观察和描写有相应要求，甚至有专门的植物观察笔记章节，但以前无的放矢，形同虚设。如今通过尝试做观察笔记，学生充分、扎实地完成了课标中要求的任务，写出来的内容明显更充实了，语言也更加真实、生动了。科学老师表示，在以前的课程中，学生对于植物的六大器官总是没有概念，现在通过种植亲眼观察、亲手实践，自然而然便认识了十多种农作物，再加上自然笔记的形式，对植物的叶、花、果实等结构有了更为深刻的印象和感知。劳动课的老师发现，原本学生关注不到作物生长状态的细微变化，通过定期的观察记录，学生会主动说出"茄子的花变成小茄子了"这样的描述。而学生们纷纷获得了"发现"的欣喜，比如有的孩子说"种子不是发芽，其实是发根"，有的孩子欣喜地观察到了科普书中描写的瓢虫—蚜虫—蚂蚁这三者的复杂关系。

当然，在实践的过程中，老师们也发现了一些问题：低年级的学生对有关植物、动物的科学词汇知识积累较少，描述不够准确。个别学过素描的学生，把大部分精力花在精工细画上，偏离了观察的本意。而五、六年级的学生，头脑中条框变多，总是不太敢画，害怕自己画的不对、不科学。

老师们针对出现的这些问题积极开展教研，认为"图文并茂""八个细节"的硬性要求是必须要坚持的原则。同时，还要增加自然教育导师的现场指导次数，引导学生进行更加深入的观察以及更为大胆的描述和绘图。学校也会将优秀的自然笔记作品放在教室、劳动基地进行展示，发表在微信公众号上进行点评，帮助学生相互学习，共同进步。

学生在田地旁记录香菜　邢台市南陈村小学　摄影：吴平

学生在田地旁记录大葱　邢台市南陈村小学　摄影：吴平

邢台市南陈村小学观察记录

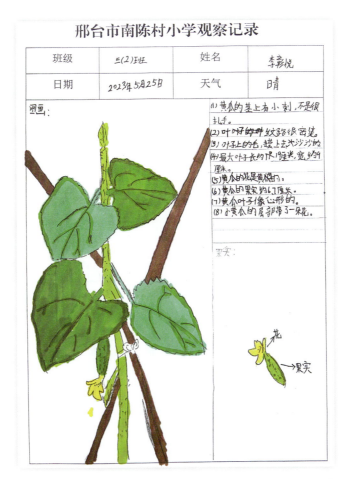

班级	三(2)班	姓名	李彰悦
日期	2023年5月25日	天气	晴

图画：

(1)黄瓜的茎上有小刺,不是很扎手。
(2)叶子的叶纹路很密集。
(3)叶子上的毛,摸上去毛茸茸的。
(4)最大叶子长约13厘米,宽约9厘米。
(5)黄瓜的花是黄色的。
(6)黄瓜的果实约6厘米长。
(7)黄瓜叶子像心形的。
(8)小黄瓜的屁部带了一朵花。

果实：

花
→果实

黄瓜观察记录　作者：李彰悦（三年级）　邢台市南陈村小学

邢台市南陈村小学观察记录

班级	三(2)刊王	姓名	代诗琪
日期	5月8日	天气	晴 20度

草莓的茎是奴红红的，特别长最短白的都有足足20厘米。叶的周围有锯齿，抚摸起来有点儿扎，叶子像一个小蜂掌上面只结了一个小草莓居然长的红红，但是闻它们红红相信吃起来也特别甜。

草莓观察记录 作者：代诗琪（三年级） 邢台市南陈村小学

178

（三）案例三

在校园里开展自然笔记兴趣课的经验分享 [①]

陈　丽

陈丽，自然名地衣，上海陈丽教育科技工作室（简称地衣自然工作室）创始人，世界自然基金会环境教育注册讲师，2017届上海自然导赏班优秀学员，中国林学会自然教育师培训教师，上海知名自然笔记、博物绘画与科学绘画金牌辅导老师，自然笔记、博物绘画传播与推广者，博物插画师，《科学大众》自然笔记专栏作者。

陈丽老师的自述：

我是上海的一名自然教育一线工作实践者，主要以自然导赏、自然笔记与博物绘画传播与推广为工作内容。与上海的社区、学校、公园、青少年活动中心、少年宫，以及在地自然教育机构等均有合作的经历，服务人群覆盖了从学龄前儿童到老年朋友。2016年的一个契机，我以上海根与芽志愿者身份进校服务，与中小学结下不解之缘，至今受聘于上海四所不同学校开设校级自然笔记兴趣课堂，先后受邀在二十余所中小学开展自然笔记讲座，带领学生参与上海及全国的自然笔记赛事活动，与学校教师分享活动开展经验，也受邀参与一些自然笔记比赛的评审工作。回望八年的实践与摸索，收获颇多，不仅在于自身对于自然笔记的实践与传播，更重要的是引领更多的学生和教师爱上自然笔记，利用自然笔记学习知识、锻炼能力，形成良好的记录习惯，在大自然中成长。

---

① 本文中所有自然笔记作品均由陈丽指导学生创作。

1. 我眼中的自然笔记

自然笔记是自然教育中非常受大众喜爱的一种认识自然、亲近自然的方法、手段与工具。狭义的自然笔记是用图文并茂的方式去观察、记录大自然，一旦入门，终身受用，是可随时随地亲近、享受自然，向大自然学习，读懂自然密码的魔法钥匙。自然笔记的魅力在于，把课堂搬到天地之间，体验式主动学习，激发人的好奇心与探索欲，汲取自然的滋养，身心得到疗愈。喜爱自然的人更能回归本真，降低物欲，更具共情能力。关注自然，尊重生命，与大自然和谐共处。

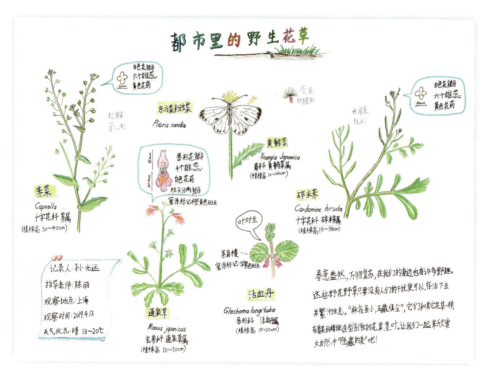

都市里的野生花草（由陈丽指导自己的孩子创作）
作者：孙光远（五年级）　上海市开鲁村第一小学

自然笔记要写一写，画一画，但是，它并不是简单的照搬照抄，重点在于作者在做自然观察时的独立思考与探索的经历。每个人在自然中的观察角度、经历与获得的感受都不一样，所以，它是独一无二的。它不同于美术课，也不是手抄报。原创性是自然笔记的根本，也是自然笔记经久不衰的生命源泉，赋予了自然笔记独特的魅力，让人为之着迷。只有搞清楚什么是自然笔记，才能真正做出一篇合格的自然笔记。

2. 在校园里开展自然笔记课程的优势与劣势

在我们生存的空间，自然无处不在。学校是教书育人的最佳场所，如果能在校园里开设自然笔记兴趣课堂，持续教学，对孩子的成长与帮助会更大。

（1）培养观察力和科学探究能力：通过引导学生观察植物、昆虫、鸟类等生物，培养他们的观察力和科学探究能力，激发他们对自然世界的好奇心。

（2）提升记录与表达能力：教授学生如何用文字、图画等方式记录自然观察的结果，培养他们的记录习惯和表达能力，使他们能够清晰、生动地传达自己的观察所得。

（3）增强环保意识和责任感：通过参与自然观察和记录，加深学生对自然界生物多样性的认识，培养他们的环保意识和保护自然环境的责任感。

（4）促进跨学科学习：鼓励学生将自然笔记与科学、生物、艺术等学科知识相结合，促进跨学科的学习和理解，培养他们的综合素质。

（5）建立与自然的联结与尊重自然：通过观察和记录，让学生更加深入地了解自然，感受自然的魅力，建立与自然的联结，并学会尊重自然、保护生态。

但是，为何自然笔记有这么多好处，目前全国的学校却并没有全面推广呢？

自然笔记兴趣社团，从称呼中可以看出来，它并没有被纳入教育大纲，成为一门必修课，不是刚需。但是一些教育理念先进的学校，已经逐步意识到自然笔记对孩子多方面能力培养的极大好处。随着近年来各种自然笔记大赛的兴起，自然笔记逐步被更多学校重视起来。但是真正有条件持续开展的学校并不多——我想，可能因为它的跨学科属性要求指导者具备综合能力——缺乏专业师资，是目前自然笔记难以推广和广泛开展的主要原因。

校内没有专职老师来教授自然观察笔记兴趣课，一些本身对自然有极大兴趣的老师，比如语文老师、美术老师、科学老师等，会利用课余时间带领学生开展自然笔记兴趣培养。但是，因为自然笔记跨学科的特点，这些老师还不具备全面培养学生做自然观察笔记的能力。一些学校，比如像我长期服务的几所学校，就是聘请社会优质资源进校开展自然笔记教学，为学生提供更多学习机会，提高综合素质。

3. 自然笔记老师应具备的素养与知识技能

与其他课程不一样的地方在于，自然笔记是一门跨学科的多功能新学科：以大自然为课堂，让学生学会自主观察自然、记录自然，鼓励学生放慢脚步，细心观察身边的植物、昆虫和鸟类等；还可以结合学校特色等做课题研究，做更有深度的观察记录，培养小小博物学家与科学家的精神。

授课的老师需要具备哪些方面的素养与知识技能呢？我认为需要具备以下几方面能力：

保持一颗热爱自然探索的心以及坚持对自然的观察，并养成随时记录的习惯。

你想为孩子提供一杯水，可能需要先准备好一缸水。老师平时就喜爱观察自然，积累丰富的观察体验，为准备回答小朋友的十万个为什么和与小朋友分享做积累。老师需具备一定植物、生物等基础知识，并具备一定查找相关资料的能力，必要时再去请教相关专家与学者。

学无止境，每个人穷其一生，只能探索到神奇自然的冰山一角。每天都会遇到新的问题，会有新的发现。你可以运用一些专业网站、生物识别软件，准备一些植物、昆虫、鸟类专业图鉴与丛书，在探索时方便自学、查阅。自然类图书与专业图鉴或科普宣传手册之丰富，可以说只要你想得到的，都有。我也是在探索中不知不觉收集了两大书柜的图鉴与专业书籍，学得越多，越发现自己的无知。如果自己探究找不到，再去请教相关专家与学者或身边的长者，交流探讨有时能快速解决困扰你的问题。

如果你对什么都感兴趣都喜欢，那你可以做一名小小博物学家；你也可以跟着自己的兴趣点走，专注于其中的一些领域，比如做一个观鸟爱好者，一个昆虫博物达人——或专门研究蜻蜓，或专门研究蝴蝶与蛾。有的人在某一领域深耕，将来很有可能就会成为该领域的顶级专家。

有了自己的想法，并付诸实施，定会有收获。

作为自然笔记辅导老师，除了具备一定的观察、导赏能力，还需让学生明白自然笔记虽然是用图文并茂的方式记录大自然，需要绘画，但是绘画并不是唯一的重点，仔细观察与思考才是自然笔记创作的灵感源泉。同时，老师应把科学绘画的创作过程简化并做示范，让毫无绘画基础的同学也觉得轻松愉快，没有畏难情绪。这样在老师的感染下，同学们实践创作完成后，自信心会得到很大的提升。

对于观察与创作，建议由浅入深，慢慢增加对观察对象的描述难度，激发与保持孩子的好奇心与兴趣更为重要。对于没有绘画基础或字迹凌乱的同学，及时表扬他们的点滴进步，因材施教，不要用同一标准要求所有孩子完成同一程度的所谓的优秀作品。孩子树立了信心，保持热情，一定会逐步超越自己。

4. 根据学校特色与自然资源优势等实际情况，因势利导，设计最佳系列课程方案

不同的学校，可能有不同的特色与优势资源。但是，无论校园资源丰富或一般，植物总是最容易获得的观察对象。无论是晴天还是雨天，都能找到适合观察的理想目标。

学生在校园中观察并记录玉簪
上海陈丽教育科技工作室　摄影：陈丽

玉簪
一次常规的自然笔记兴趣课上学生提交的作业
作者：路佳圆（四年级） 上海市复旦科技园小学

上海市复旦科技园小学学生们在校园里同时写生一株植物，每个人的观察视角和看到的点也是不同的。老师主要是引导学生们观察其主要特征，然后让他们尽量对照实物来观察和记录，从画一画、写一写中，让学生们感受身边的自然，收获知识与快乐。

当然，老师还可以顺应学生的兴趣点，针对昆虫展开观察。不同的昆虫具有不同的生活史，学生们可以采取一次性观察，也可以选择周期观察。不论是哪一种形式，应遵从真实情况记录，不要求必须完整。比如《昆虫界的战斗机》这幅作品，作者小朋友并没有观察到卵的形态，不用必须补充完整，如实记录就好。毕竟，自然笔记不是手抄报或科普小报，培养学生诚实与严谨的科学态度，更具重要意义。当然，有的学校里种植了寄主植物，并有昆虫饲养与观察条件的，学生们只需在课余时间观察昆虫，就能积累丰富的创作素材。

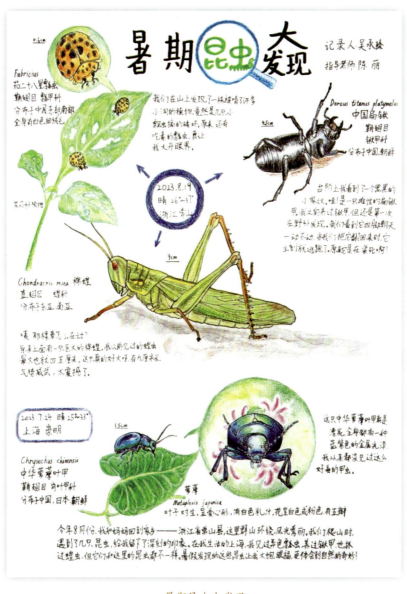

暑期昆虫大发现

作者：吴承臻（六年级）　上海市民办新复兴初级中学

昆虫界的战斗机

作者：殷攸立（四年级）　上海市建平实验小学

　　如果学校有种植场地和条件，那便再好不过了。学生们通过亲手种植、养护植物，甚至是吃到自己栽培的蔬菜，再进行观察与记录，一定会有不一样的收获。

引导学生观察亲手栽培的向日葵

长宁区少年宫　摄影：何箫引

大部分学校，只需要配备望远镜等简单观察设备与器材，就可以开展观鸟活动。有了观鸟体验，学生们在日常生活中也可以开展鸟类观察笔记。

我家阳台上的自然法则
作者：陈晨星（四年级）　上海市杨浦区二联小学

《我家阳台上的自然法则》是陈晨星记录的自家阳台上珠颈斑鸠孵蛋的完整过程。小朋友非常细致地记录了珠颈斑鸠成鸟和幼鸟的形态特征和行为特征，还利用方框配图文的方式连续记录了珠颈斑鸠孵蛋的日日变化。作品中的语言也很有小朋友的特点，比如他写"第2天蛋都生好了，还在用树枝做最后的修修补补，真的是个粗糙的妈妈呀"。同时，他还通过自家的摄像头观察到了红隼捕食幼鸟的画面，更领悟到了大自然里吃与被吃的自然法则。

5. 自然笔记兴趣社团课程设置

学校的自然笔记社团，以 15—25 人为宜，在活动时可以分成 4—5 人的学习小组，小组内学生之间可以互相借鉴、学习。老师在课前需要提前踩点，根据学校的特色和环境制定课程方案，同时确定本次课程目标物种的观察建议。学生在课上根据自己的喜好做出选择，确定今天的自然观察目标和观察角度。老师要尽量做到让体验者保持愉悦，主动探索，更好地激发他们的探索欲与好奇心。

开展活动的基本流程：就自然笔记是什么、如何创作等内容进行简要介绍；之后带领学生找到校园里踩点时涉及的自然物，进行有针对性的观察。一般来说，我们会优先选择处于花期与果期的乡土植物做观察对象。因为它们较园艺植物的物候特征更为明显，对于引导学生了解身边的自然现象和生态资源更具价值与意义。通过不断的观察与记录，引导学生建立对特定自然地域的归属感。对于植物的观察，我们还进行过植物生命周期观察，比如，蔬菜种植观察笔记、乔木全年生长观察笔记等等。在观察对象的选择中，我也会有意识地把植物进化的观点与生物多样性的内容融合进去。

授课频次方面，一般建议一周一次，一次 60—90 分钟。学生们完成一篇相对完整的笔记需要 2—3 次课。以首次接触自然笔记课程的同学为例，这三次课可以做以下安排：第一次课主要了解什么是自然观察笔记，然后做简单的观察与实践；第二次课，基本完成包含绘图和文字的初稿；第三次课，完善细节、充实内容与上色。通常，我会让学生尽量按自己的意愿完成第一稿后，再做第二稿的点评和建议。这样学生们在实践的时候不会有太多畏难情绪，鼓励他们更放松、更大胆地去发挥与创作。

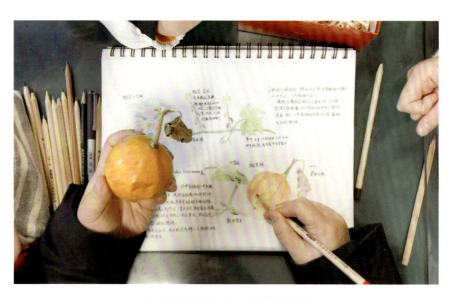

教师为学生示范彩铅的上色技巧
摄影：诸诗铭　上海市浦东新区北蔡镇中心小学

通过我的多年实践，我认为在校园里开展自然笔记社团活动对于中小学生具有十分重要的意义。随着电子产品的不断普及，很多孩子很小时就患上了抑郁症、双相情感障碍等心理疾病，或是沉溺于电子游戏构建的虚拟世界，缺少共情能力，不能自我疗愈。这其中很大一部分原因就在于缺少与大自然的接触，患上了"自然缺失症"。而自然笔记是一种亲近自然的优质途径，在描绘花朵的过程中关心身边的一草一木，在抚摸一片羽毛时感受身边生灵的律动，在不断观察与记录中，形成与大自然的紧密联结。

四　教学实践中的问题讨论

北京教学植物园与厦门市园林植物园从 2021 年起，连续 3 年利用网络平台举办自然笔记教师培训班，来自全国的近 6000 名对自然笔记感兴趣的教师齐聚云端，聆听专家讲座、学习同行案例、提升指导能力。我们还设置了一个小活动，利用共享文档的方式收集学员老师在开展自然笔记活动中的困惑。在此，我们将大家提出的问题进行梳理、整合，形成了以下 5 个方面的问题，并通过总结实践经验、与专家进行访谈等方式针对这 5 个问题提出若干解决策略。如果你也有相同的疑惑，希望我们提出的建议能够帮助你更好地开展自然笔记活动。

【问题 1】作为非美术专业的老师，没有艺术基础，指导自然笔记感觉力不从心怎么办？

这个问题的数量几乎占了问题库总量的将近 80%，为什么这么多老师会有这样的困惑呢？让我们来分析一下与大家的困扰相关的三个关键词：不了解、要求高、跨学科。

通过与培训班学员交流，并结合我们的观察和思考发现，老师们对自然笔记望而却步的原因主要有以下几个：一是目前自然笔记相关的教师培训不多，很多教师分不清自然笔记和科学画、艺术画的区别，不了解自然笔记的内涵、价值和创作要求，因此容易产生误解；二是各类自然笔记大赛展示的优秀作品以及自然笔记图书中选用的插图作品绘画水准较高，艺术性较强，给没有绘画基础的教师带来不小压力；三是自然笔记是一个综合性较强的活动，具有明显的跨学科特征，但目前教师跨学科合作在学校内部尚不普遍，教师们欠缺跨学科合作意识，学校内的合作机制也不健全。

但老师们也要认识到，绘画只是自然笔记的一种记录形式。《笔记大自然》一书中这样描述："有人喜欢用诗和散文，有人喜欢用素描或彩绘雕琢，有人喜欢用相片磁带实录，也有人喜欢写歌礼赞，有人原本就训练有素，因而偏好精确的科学速记方式……多数人则是综合运用所有方法或采用其中几种方法。"

由此可见，除了绘画外，我们也可以鼓励学生利用文字、摄影、拼贴等方式来记录。

但是，我们也绝不能否认绘画对于学生发展的重要作用。绘画并不只是美术学科的技法。很多科学家通过研究发现，绘画在促进观察、发展思维、加深理解方面具有一定的作用。贝蒂·爱德华兹[1]认为，绘画可以让人们接触到大脑中经常被日常生活细节所掩盖的部分。它提供了一个以全新和整体的方式感知事物并看到潜在模式的机会。斯坦、麦克奈尔和布彻研究了绘画与学生对科学概念的理解之间的关系，他们认为，绘画可以成功地用于科学教育——"作为一种工具，帮助学生发展和记录更复杂的理解"[2]。

给指导教师的4条建议：加强合作、陪伴中进步、发挥学生的作用、提升审美素养。

（1）加强合作。自然笔记具有明显的跨学科性质，跨学科的活动也呼唤着不同学科的教师共同参与，共同为孩子们上课，提供专业的学习指导。

（2）陪伴中进步。在组织培训班的过程中，有不少老师期待通过向美术大咖们请教，快速提升绘画能力。绘画技能的提升并非一日之功。所以老师们请暂且放下急于求成的心态，本着学习的态度，在活动中和孩子们一起做自然笔记，一起感受绘画时与自然"独处"的宁静，做孩子们忠实的陪伴者。

（3）发挥学生的作用。在一个班级中，总会有一些孩子学习过美术，老师要充分发挥这些孩子的作用，邀请他们来当小老师，在课堂中分享自己的手绘技法，演示自己是怎么描绘观察到的事物的，老师与学生形成氛围和谐的学习共同体。

（4）提升审美素养。相比快速提高美术技巧，对于老师来说，审美素养的提升更为关键。老师们在引导学生记录自然笔记的过程中，可以试着从美学角度对自然进行观察和分析，带领学生学会欣赏山水、草木、鸟兽的形状、色彩和肌理之美。

---

[1] Edwards, Betty. 1999. Drawing on the Right Side of the Brain. New York, NY：Jeremy P. Tarcher/Putnam.

[2]   Stein, M., McNair, S., & Butcher, J.（2001）.Drawing on student understanding. Science and Children, 38（4），18.

【问题2】为什么所有观察方法都教了，但孩子们还是觉得很困难？

在我们带学生到北京教学植物园开展自然笔记活动时，常会发现老师在教室里声情并茂地讲了一个多小时什么是自然笔记、如何观察、如何做笔记等等，但学生一来到户外就不知所措，老师引导了半天还是只写了几个要素。这是为什么呢？

对于学生来说，自然笔记是一个相对陌生的概念，学生更熟悉的图文并茂的任务就是手抄报，而手抄报不需要学生亲眼观察并用自己的语言描述，更多的是查找相应的资料摘抄下来再进行美化。到了做需要亲眼观察、自己描述的自然笔记，原有的技能仿佛都失效了。由于学生积累的知识相对有限，对于一个很熟悉的自然物，他们也很难叫出它基本结构的名称，更不用说要用自己的语言进行细致的描述了。由此可见，自然笔记对于学生来说是一个综合性的任务，不仅要求学生具有相关的背景知识、要通过多种观察方式进行深入的探索，最终还要通过自己的方式进行表达。

对于教师而言，我们首先要将这个复杂的任务进行分解，不仅要教方法，还要补知识，更要将任务明确。

（1）教方法：自然笔记有很多种观察方法和记录手段。我们可以在一次活动中，只安排一种方法，展示利用这种方法创作的作品并进行分析，针对这种方法展开细致的讲解，同时要求学生在之后的实践任务中利用刚刚学过的方法进行记录。五感观察法是自然笔记中最常用的方法，在讲解的过程中，老师可以为学生提供1—2种能够充分调动五感的观察材料，天竺葵、毛泡桐的干燥果实等都是不错的选择。学生一边观察，一边记录，强化观察方法的运用。

（2）补知识：植物和动物是学生观察中出现最多的类群。学生常常不知道叶片下细长的结构叫叶茎还是叶柄，鸟类不同部位的羽毛又如何分类。教师在开展活动时，可以针对不同的观察方法安排不同的观察主题。比如在解剖观察法时，安排认识花的结构主题，通过补充介绍花的结构知识帮助学生更好地观察。

（3）明确任务："记录身边的自然""观察常见的鸟"属于非常好的自然笔记主题，但对于自然笔记初学者来说就显得任务过大且不够明确。例如，我们可以将第一个主题细化成"观察蜜蜂的身体结构"或"解剖观察二月蓝的花"等更加具体的内容。

当学生已经初步掌握如何观察、如何记录时，再布置更为开放的主题，循序渐进。

教师也要及时关注学生的点滴进步，给予学生具体而准确的评价。我们不能只看到一幅作品的整体呈现或绘图的美观程度，学生是否抓住了观察对象重要的特征、能否在描述中加入自己的想法、记录的方式是否有巧思等对于学生的发展更加重要。比如我们可以用"你观察得很仔细，观察到了天牛的触角是一节一节的""你做得真棒，你利用尺子测量了花萼的长度，得到了科学的数据"等语言来评价学生的表现。

【问题3】课堂时间短，学生行动慢，一节课时间不够创作一幅作品怎么办？

就像问题2中描述的那样，对于学生来说，自然笔记是一项全新的且综合性较强的学习活动，我们可以将自然笔记的概念、观察主题、观察方法等内容进行拆解，通过多次课程、单元化设计来帮助学生完成一幅作品。同时，作为教师的我们也要明确自己的教学目标：我的目标仅仅是让学生完成一幅作品呢，还是通过自然笔记的方式来帮助学生获得知识、发展能力？若是教师课时比较充足，则可以安排初识自然笔记、常用的观察方法、常见的生物识别、利用一种观察方法记录一种自然物、选择自己感兴趣的自然物记录观察笔记、利用观察笔记形成作品等系列课程。

若是教师课时有限，我们可以在1—2次课程中，带领全班学生聚焦于一种自然物的观察，教师将观察方法分配到每一步的观察中，按照由整体到局部的方式一边观察，一边带领学生表达，之后记录到纸面上。观察对象可以是校园里的动植物，也可以是专门为学生购买的花材或小动物。对于学生不会记录的地方，教师可以进行示范。

面向学习进度不同的学生，针对同一观察对象教师也要使用不同的引导方式。对于进度较快的学生，教师可以要求他们绘制一朵完整的花甚至是一个花序，用一段文字来描述花的特征。而对于进度较慢的学生，我们可以只要求他们记录一片花瓣、一根雄蕊，只用简单的词语来描述特征。通过分别引导，学习进度不同的学生都能够通过细致的观察了解这种花的特征。

【问题4】学生的自然笔记作品形式有些单一，怎样更具表现力，更富有创意？

多样化的表达来源于多样化的输入。老师们可以多为学生展示不同构图、不同题材、不同记录方式的自然笔记作品，带领学生分析其中的创意点在哪里，有哪些地方可以供我们学习、借鉴。目前市场上也有许多手绘风自然观察类的图书，引导学生学习作者的多样化表达方式也是不错的选择。

在绘图和文字中加入生境，也是可以增加作品表现力的有效方式。在记录自然物本身的同时，加入发现它的地点、环境特征不仅可以使我们的画面更饱满、更生动，还可以帮助我们获得更全面的信息，让我们更深入地理解生物与环境的密切关系。比如我们在记录水鸟的时候，可以将湿地环境中的芦苇荡、浅滩安排在画面的一个角落或者当作一部分画面的背景。我们也可以在一张作品中记录多种自然物，比如我们可以将主题设定为"花丛中的蝴蝶"，围绕着一片五颜六色的花丛，通过不对称的构图将几种常见的蝴蝶安排在页面的不同位置。

发挥自己的想象力、创造力，在观察的过程中，让我们的思绪更加松弛一些，任由自己进行一些天马行空的想象。比如洋水仙的副花冠很像飘逸的百褶裙，那我们不妨就在花朵旁边绘制一条裙子。再比如炮仗花成串的花序很像鞭炮，那就通过绘图和文字的方式把鞭炮体现在画面上。

富有设计感的主题也会让画面创意十足。我们可以从主题的表述、字体、颜色、装饰等方面下功夫。比如可以从一个比喻或想象的角度来描述我们的观察对象。如果觉得自己书写的字体不够精彩，可以从网站上生成需要的字体，再临摹到纸上来优化。另外，选择作品中用到的颜色的撞色，添加一些有趣的装饰也是不错的选择。

当然，观察对象的选择也很重要，月季、银杏、向日葵是很多同学都会选择的观察主题，我们不妨将注意力放到野花、野草上，或者记录一些有趣的自然现象，比如靠风力传播的种子有哪些、被虫子啃食的叶子有怎样的形态等等。

【问题5】学生的绘图部分还可以，但是不会用自己的语言描述或不敢描述。

自然笔记的要素之一便是文字描述，除了要将观察到的自然物或自然现象绘制下来，对它的生动形象的描述、自己的内心感受和好奇的想法也是必不可少的。作为教师，我们要理解学生不会描述或不敢描述的心理——学生在完成一项老师布置的任务时，总会考虑着这样做对不对，这样写合不合适——我们要帮助学生打破这样的想法，放下心理负担，只要是基于自己真实的观察就可以放心大胆地写下来。

有些时候，学生不知道该从哪些方面描写，费了好大劲儿却只能写出"树干是棕色的，摸起来粗糙"这样简单的语句。在最开始的阶段，我们可以尝试这样的做法：教师给出不完整的描述语句，由学生来填上合适的词语或短句，例如："鹅掌楸的叶子很有特点，像＿＿＿＿＿＿＿＿＿，具有＿＿＿个裂片，叶顶端＿＿＿＿＿＿＿＿，叶基部＿＿＿＿＿＿＿＿＿，成熟的叶子的大小与我的手进行比较，＿＿＿＿＿＿＿＿＿更大。"经过一段时间的练习，相信学生们就会找到表达的乐趣和方向。

我们也要引导学生在查找资料的基础上进行观察和描述，动植物志、靠谱的公众号、科普杂志等都是非常适合学生阅读的资料。引导学生在阅读资料的基础上进行观察，就能够明确观察的方向和要点，之后再将文章中的语言转化为自己的话后进行描述，就是非常好的方式。但一定要提醒学生不可以整段摘抄。

我们还可以为学生提供三个文字描述的方向，让学生在描述时逐一完成：

（1）我发现了什么？要记录自己看到、听到、闻到、摸到、感觉到了什么。

（2）我很好奇。写下心中的问题：它是谁？现在是何时、何地？发生了什么？为什么会发生这样的现象？

（3）这使我想起了什么？把这次观察到的新发现与已知的事物联系起来。比如萝摩的种子是依靠毛被风吹到远方进行传播的，我们就可以记下"蒲公英的果实也是这样的传播方法，但是它的果实和毛之间有个柄"。对于小学低年级的学生，由于他们的表达能力还在逐步建立，我们可以要求他们多用绘图的方式表达而少用文字，随着年龄的增长再逐步增加对文字描述的要求。

文字描述能力与绘画能力一样，也不是一蹴而就的，通过不断的记录、表达，可能在不经意之间就会发现：咦？现在写下一段文字也没那么难了，写到纸都满了好像还能再写点什么。

拓展

教师面对年龄较小或作画有困难的儿童的应对策略

1. 提供绘画辅助工具

老师可以给学生准备一些简单易用的绘画工具，比如蜡笔、粉笔、水彩等，以及幅面较大的绘画本。这样可以减轻他们手绘的难度，让他们专注于观察和表达。

2. 鼓励速写和涂鸦

指导学生先进行一些简单的速写和涂鸦，捕捉观察对象的大致形态和色彩。不需要太过精细，重点是培养学生的观察习惯和表达欲望。

3. 分步式创作

让学生先在户外简单勾勒轮廓，回到教室后再进行细化填充。或者先画下主体，再补充背景等细节。分阶段完成可以减小压力。

4. 小组合作

组织学生两两或三三合作，一起观察同一个对象，并共同完成绘画创作。学生之间可以互帮互助，并分享自己的发现。

5. 多样化呈现

除了传统的绘画，教师还可以鼓励学生尝试其他创作形式，比如拼贴画、丙烯颜料涂抹、数字绘图等。重要的是要让他们用自己喜欢的方式表达。

197

附　录

教学活动设计案例：自然笔记
——凤仙花的一生

杨彬彬　潘　莹

在小学科学课中有"凤仙花的一生"这一内容，这是一个开展自然笔记活动非常好的契机。教学内容中有观察凤仙花的六大器官的目标要求，如何能使观察活动更深入、学生印象更深刻？我们不妨引导学生将能够观察到的凤仙花的茎、叶、花等结构进行逐一记录，形成一篇生动科学的自然笔记。成都市锦江区科学教研员杨彬彬老师与成都市盐道街小学得胜分校的科学教师潘莹的教学设计，就为我们详细地展示了在科学课教学中融入自然笔记活动的具体做法，老师们也可以根据自己的教学进度将自然笔记的内容迁移到不同的教学场景中去。通过实践探索，你一定可以设计出因地制宜的自然笔记生动课堂。

主题	自然笔记：凤仙花的一生
学情分析	1.四年级的学生在完成了"植物的生长变化"单元的学习后，已经通过种植、观察、记录、实验、拓展阅读等活动了解了凤仙花完整的生长过程和生长周期，基本能够描述和总结凤仙花的生长变化规律，知道凤仙花的各个器官的结构与功能。 2.大部分学生能够明白"博物画"与其他画作的区别，但无法做到精准描绘，少部分绘画基础良好的学生可以有较为优秀的表现。 3.所有学生都有绘制手抄报的基础，但是要将自己两个月以来的所有观察和学习内容在一张纸上呈现，还缺乏足够的资料挑选与整合能力，需要老师在课堂上进行引导。
活动目标	科学观念 1.学习自然笔记的基本绘制方法，知道自然笔记是一种科学记录自然事物的方法。 2.通过资料整理和自然笔记的绘制，进一步认识凤仙花的生命周期、外形特征及各器官功能。 科学思维 1.能通过归纳梳理，形成对自然笔记绘制方法的理解，并能结合自己的信息资料，设计绘制思路和方法。 2.能通过绘制自然笔记，将观察、记录凤仙花生长变化过程的信息进行整理和表达。 探究实践 1.能通过观察照片和图片的方式，绘制凤仙花完整植株的博物画，允许部分学生用照片代替。 2.在教师的引导下，尝试用绘制树状图的方式，整理植物各个部分的结构与功能。 3.创作一幅"凤仙花的一生"的自然笔记。 态度责任 1.激发对植物的好奇心，乐于观察和研究植物。 2.乐于陈述自己已有的认知，善于倾听别人的意见。 3.能利用模拟实验收集的证据论述自己的观点。
重难点	重点：梳理出在自然笔记上可以呈现的内容。 难点：较为准确地描绘相关博物画。
教学用具	教师准备：多媒体课件 学生准备：观察记录、活动手册、种植过程中拍的凤仙花的照片、记录单、绘图纸
活动时间	2—3课时

主题		自然笔记：凤仙花的一生			
任务环节	设计意图	学习过程		方法支持	
		教师活动	学生活动	教法	学法
一、聚焦	聚焦问题。形成概念目标	聚焦任务： 要求学生以手抄报的形式给一年级的弟弟妹妹介绍凤仙花的相关知识，你觉得应该在小报上介绍哪些内容？请用关键词记录在活动单上。 根据学生回答板书归纳： （1）凤仙花完整植株及各部分 （2）结构与作用（根、茎、叶、花、果实、种子） （3）生长变化过程与时间 （4）姓名、班级、种植观察时间、大小标题 （5）自己的感受和收获	1. 小组讨论可以介绍哪些内容 2. 各组汇报 3. 根据讨论结果，在自己的活动记录单上完成关键词整理	情境创设问答	讨论整理
二、探索	学习创作自然笔记	任务一：认识自然笔记 1. 课件演示各种自然笔记范作，讲解像这样图文并茂的观察记录方式叫作自然笔记 2. 就刚才总结出来的5点，小组讨论每一点可以用怎样的方式来呈现 3. 根据学生汇报，板书总结完（1）（2）后完成任务二，总结完（3）后完成任务三。总结完（4）（5）后完成任务四 （1）凤仙花完整植株及各部分（画或照片） （2）结构与作用（根、茎、叶、花、果实、种子）（树状图，花、果实、种子单独画） （3）生长变化过程与时间（单独画） （4）姓名、班级、种植观察时间、大小标题 （5）自己的感受和收获（简洁、真实）	1. 观看图片 2. 小组讨论，汇报	演示问答讲授	讨论记录

主题		自然笔记：凤仙花的一生			
任务环节	设计意图	学习过程		方法支持	
		教师活动	学生活动	教法	学法
二、探索	学习创作自然笔记	任务二：博物画与文字标注 1.课件展示博物画范例，要求真实、准确、细致、完整，尽量在同一棵植株上呈现根、茎、叶、花、果实、种子 2.讲解如何在博物画上以树状图的方式进行标注。引导学生复习凤仙花每个器官的作用，提醒还可以加入各部分的结构解剖图和自己做的研究实验。这些部分需要单独画 3.要求学生在活动单上画草稿，做记录	1.观看图片 2.在记录单上用铅笔勾勒出一株完整的凤仙花的博物画速写，或是用关键词记录下需要画些什么 3.在活动单上绘制树状图的简单草稿，文字部分用关键词记录	演示问答讲授	讨论记录
		任务三：明确生长变化过程与时间的表现形式 1.课件演示三年级养蚕时优秀的养蚕日记 2.提问：你觉得可以用哪些方式来呈现凤仙花的生长变化过程与时间？在活动单上用关键词记录（气泡图、统计图、圆圈图、数轴图等等） 引导：有这么多种呈现方式，你觉得用哪种图示来表达更清楚，让一年级的弟弟妹妹能看懂？	1.观看图片 2.小组讨论 3.汇报 4.根据汇报修订自己的活动单		
		任务四：创作自然笔记 提出要求： 1.要包含活动单上的所有项目 2.详细内容可以参考自己的观察记录和活动手册上的实验记录 3.用文字、绘画、照片等来呈现都可以，版面自定	完成自然笔记的创作		

主题	自然笔记：凤仙花的一生				
任务环节	设计意图	学习过程		方法支持	
		教师活动	学生活动	教法	学法
三、研讨	展示总结	提出成果展示要求 1. 安静观展，不可触碰作品 2. 邀请一年级弟弟妹妹来参观，去了解弟弟妹妹能否看懂自己的作品 3. 选出自己最喜欢的作品，说说喜欢的理由	1. 作品布展 2. 邀请一年级弟弟妹妹来一起参观，听取意见 3. 参观结束后，汇报自己最喜欢的作品和喜欢的理由	讲授	参观反思
四、拓展	将知识与生活实际联系拓展课后学习方向	总结树状图和自然笔记的作用 提醒可以用于日常的观察和学习当中		讲授	

杨彬彬：全国优秀教研员、成都市未来教育家高级研修成员、锦江区科学教研员、四川师大科教专业校外导师、四川省教育学会科学教学专委会副会长、全国实验教学说课比赛评审专家。

潘莹：小学高级教师、国家三级心理咨询师、四川省骨干教师、成都市中小学心理健康辅导员。

提升自然笔记质量的好办法

（一）查找可靠的资料

创作自然笔记时，查询可靠的资料能够帮助我们加深对观察物的认识，如动植物的科属种信息、形态特征、花期果期以及行为习惯等，指导我们做进一步的观察，并且使得文字记录更加科学严谨。在信息发达的今日，我们如何查找可靠的信息资料，避免错误的引导呢？

首先，我们需要查阅和利用权威出版物。比如查找相关的权威书籍、学术期刊和杂志，这些出版物通常经过严格的审稿和编辑流程，内容较为可靠。比较典型的就是一些植物志、动物志、鸟类或昆虫图鉴、矿物图谱等等。

其次，书籍或图典有时候不方便携带，此时可以选择访问那些由专业机构或学者维护的网站，它们通常提供最新和最准确的自然科学信息。比如中国植物志在线网站、中国动物主题数据库、中国两栖类、中国观鸟记录中心、国家标本资源共享平台等。

最后，如果可能，直接咨询相关领域的专家或学者，他们可以提供专业、准确的建议和信息。

在信息爆炸的当代，每个人都是信息消费者，同时也是信息的生产者。网络的世界难免存在信息重复、错误等情况，因此从网络百科、个人的自媒体号等获得的内容需要审慎对待，切勿不加分析直接全盘接受。在分辨内容质量的同时查找多个来源的资料进行比较，以判断信息的准确性和可靠性，要特别警惕广告和推广等商业内容。

随着时间的推移，会不断涌现新的研究成果和发现，因此要定期更新你的资料库，确保信息的时效性。在AI（人工智能）开始普及的今天，图片甚至视频都能够大量生成，所以我们查找图文资料的时候一定要有耐心、细心和警惕心，在用其做指导的基础上，尽量多观察多实证。

（二）拓展阅读

自然笔记的原理和方法我们已经了然于心，也多次尝试过作品创作，那么有哪些提升观察、写作和绘画能力的小技巧呢？

这要求我们在日常生活中，不断地进行练习，比如：尽可能多地观察周围的事物，包括人、物、环境等；注意事物的细节，比如颜色、形状、纹理等；尝试从不同的角度和位置观察同一事物，这样可以发现更多的细节和特征。通过平时的训练来提高观察力和注意力，让自己对新事物变得更加敏感，如此在自然笔记观察时才能不断有新发现、新收获。

"它山之石，可以攻玉。"闲暇时，不妨读一些名家美文。比如朱自清的《春》、老舍的《小麻雀》、巴金的《鸟的天堂》等等，他们对四季景物、对动植物外形特征和生活习性的描述往往有独到之处。

自然笔记虽然是一项略带悠闲的活动，但是技能的提升离不开有意识的练习。虽然自然笔记相对更加自由和片段化，但也可以参考作文练习的方法提升文字记录能力，比如尽量使用精确、具体的语言来描述事物；可以按照一定的顺序（如空间顺序、时间顺序等）来记录观察结果；每天记录一些观察日记或随笔，不断反思和改进自己的表达方式。"铢积寸累""厚积薄发"，平日的持续努力、点滴进步终会汇成流淌的文采，让你的自然笔记妙笔生花。

拓展资料

（一）植物

《中国植物志》

iPlant 植物智 https://www.iplant.cn/

中国植物名称索引 Chinese Plant Names Index https://cpni.ibiodiversity.net/web/index

PPBC 中国植物图像库 https://ppbc.iplant.cn/

中国外来入侵植物系统 https://www.iplant.cn/ias/

中国珍稀濒危植物信息系统 https://www.iplant.cn/rep/

联盟图片 https://image.cubg.cn/

中国自然标本馆 https://www.cfh.ac.cn/

花伴侣 App

标本伴侣 App

（二）动物

中国国家标本资源平台 http://www.nsii.org.cn/

中国观鸟记录中心 https://www.birdreport.cn/

《中国鸟类观察手册》

（三）地理

国家地理信息公共服务平台 https://www.tianditu.gov.cn/

地理空间数据云 http://www.gscloud.cn/

（四）天气

天气网 https://www.weather.com.cn/

（五）生态

国家生态系统观测研究网络 http://cnern.ac.cn/

（六）纪录片

《水果传》第一季 & 第二季

《影响世界的中国植物》

《本草中华》

《我们的动物邻居》

《动物城里无小事》

自然艺术家丫丫鱼的
绘画技法推荐书单

《恋物时光：超简单的水彩小物手绘技法》

谈到技法类书籍，我最钟爱的水彩书莫过于2019年出版的《恋物时光：超简单的水彩小物手绘技法》。这本书算得上是我写作的水彩技法系列图书中讲解最基础且细致的一本。从画材准备到绘画基础知识，从水分把控入门到各种材质和技法的表现，它为毫无绘画经验的读者打开了水彩世界的大门。

《素描的诀窍》

若只能推荐一本绘画学习书籍，我会毫不犹豫选择这本。它介绍了众多观察和比较的方法，涵盖了从线条到光影、从笔触到构图，再到想象力的发挥等方面，构建了一套相当完整的绘画基础学习体系。在这个人人都在寻求捷径的时代，画画却没有捷径可走。看似最简单朴素的观察方法，恰恰是最接近绘画真谛的。这本书值得反复阅读，更值得我们不断实践、再实践！

《绘画第一课》

德国高校教授Felix Scheinberger曾来北京访问。在与他共度的几天写生交流中，我深深感受到了他的热情与放松，以及将脑中奇思妙想付诸纸面的能力。

画如其人，这是一本带有他鲜明插画风格的作品。作者以风趣、幽默、轻松的笔调引领我们学习和了解绘画。他将复杂的概念分解成无数个小练习，鼓励我们从生活中体会观察与发现创作的乐趣。这本书打破了惯性思维，展示了纸上表现的无限可能性。它提醒我们，享受绘画过程本身是至关重要的。

THE LAWS GUIDE TO NATURE DRAWING and JOURNALING

这是一本全面介绍自然绘画和笔记的书籍，也是一本能激发人们好奇心的佳作。作者 John Muir Laws 引导我们从生活和身边的环境中发现美，运用各种方法去探索、观察并记录，从而形成独一无二的视觉思维笔记。内容涵盖广泛，从绘画材料到地质、鸟类、兽类、两栖爬行动物、昆虫、植物、树木、风景等的观察方法及画法，无所不包。可以说，握有此书，便如同手握天下，是每个自然绘画爱好者案头必备之书。

本书编委会成员介绍

（按姓氏笔画排序）

王鹏（第五章执笔）：北京市少年宫（北京教学植物园）自然教育部教师。热爱自然观察与记录，已创作 3 本自然笔记，致力于把北京教学植物园的四季美景定格到画纸上。策划、实施了多届"自然笔记教师研修工作坊"，引领更多热爱自然笔记的教师提升认知、精研技法。利用"专题讲座""资源包下校""线上讲座"等形式向北京一六一中学、北京第一实验小学、东城区青少年科技馆等北京二十余所中小学、校外教育单位推介自然笔记活动，获师生好评。与艺术家合作开发自然笔记主题文创，反响热烈。撰写多篇以自然笔记为主题的论文，发表于《生物学教学》等杂志。担任《图说身边的生物》副主编，参与出版《植物四季课堂》《未来科学家——植物王国》等科普书籍。

李艳慧（第三章执笔）：北京市少年宫（北京教学植物园）自然教育部教师、"金蕊"自然笔记项目组核心成员，长期专注于自然笔记的活动推广及跨学科融合课程的建设。策划并执行多届自然笔记作品征集活动，构建了覆盖北京 16 个区至全国 11 个省市的展示平台，显著扩大了自然笔记相关活动的影响力和覆盖面。研究制定科学可行的自然笔记评审体系，推动其在学校等教育领域的广泛应用。撰写《北京市学生自然笔记作品分析及启示》《给大自然做份笔记》《我的自然笔记》等多篇文章，参与编写《有故事的植物》《植物四季课堂》《图说身边的生物》等科普丛书。

李朝霞（第四章执笔）：北京市少年宫（北京教学植物园）自然教育部教师。2006年毕业于北京师范大学，获植物生理学硕士学位，拥有多年一线自然教育经验。在教育实践中将自然观察与科学、美术、传统文化等学科相融合，培养学生全面发展。两项科研成果被国家专利局授予发明专利。参与编写《有故事的植物》《自然教育活动指南》《植物四季课堂》《自然观察笔记》等科普书籍和教材，多篇论文和自然教育活动方案刊登在《北京师范大学学报》《中国植物园》《小学生时代》《智力课堂》等期刊杂志上。

李慢如（第三章、"拓展资料"执笔）：北京市少年宫（北京教学植物园）自然教育部教师，是一名重新打开五感、发现自然的大小孩。2022 年毕业于中国科学院大学，获生态学博士学位。进入自然教育领域以来，设计并开展了面向小学一、二年级亲子家庭的"花间记"自然笔记系列活动与"自然有味道——餐桌上的植物学"等自然观察活动。撰写的自然笔记教学活动方案获自然笔记主题论文及案例征集活动"十佳优秀作品"，多篇教学论文与科普文章刊登于《中国植物园》《中国科技教育》《智力课堂》等期刊杂志。

陈建江（第四章、"提升自然笔记质量的好方法"执笔）：北京市少年宫（北京教学植物园）自然教育部教师、北京十佳优秀科技辅导员、北京师范大学自然资源专业硕士、自然笔记实践者。从事自然教育、环境教育、劳动教育等一线工作 16 年，热爱自然与传统文化。参与编写《有故事的植物》《植物四季课堂》《图说身边的生物》等 8部科普书籍与教材，多篇教学论文与科普文章刊登于《中国植物园》《中国科技教育》《智力课堂》等期刊杂志，指导学生科研项目获创新大赛一、二等奖与科协主席奖。负责策划与组织"金蕊"自然笔记全国教师在线培训班，进行自然笔记课题研究，努力让更多教师和学生认识自然笔记这一与自然共成长的好伙伴。

明冠华（主编，第一章、第二章执笔）：北京市少年宫（北京教学植物园）自然教育部副部长、高级教师、北京市学科教学带头人、北京师范大学植物分类学硕士（2009年毕业），深耕自然教育一线教学 16 年。自 2018 年起，组建教师团队，合力打造"金蕊"自然笔记教育品牌，构建"研究—教学—实践"三位一体的教育体系，主要成果包括：组织学生作品征集活动，覆盖北京市 16 个区，惠及学生逾 1.5 万名；构建教师培训体系，开展"自然笔记教师工作坊""全国自然笔记线上教师培训班"等项目，累计培养自然教育师资 3 万人次；探索"五育融合"的自然笔记课程体系，面向不同受众，开发科学探究与艺术表达相融合的课程。率领团队开创的自然笔记教育模式已形成"师资专业化、实践常态化、课程多元化"的可持续发展机制，有效推动自然笔记在北京市中小学领域的落地实施。

丫丫鱼（第四章、"自然艺术家丫丫鱼的绘画技法推荐书单"执笔）：本书艺术顾问、北京市少年宫（北京教学植物园）"金蕊"自然笔记系列活动智库专家、自然艺术家、丫丫鱼工作室主理人、守护荒野志愿者、动物艺术家协会（美国）签名会员。中国野生生物影像年赛绘画组有史以来获奖最多的艺术家。多次举办个人作品展和参加国内外艺术展，已出版图书作品 5 部。

后记

很幸运，能体验一次完整的图书出版过程。

从编委团队在教工之家进行第一次讨论，到拿到完成排版、三审三校后的书稿，不知不觉已经过去 1 年半时间了。

真是沉甸甸的一份书稿啊！

这里面凝结了很多人的智慧和汗水。

执笔团队和编辑老师们不必多说，一字一句都是心血。

还有很多专家和伙伴，以各种方式，为本书提供着指引和支撑。

特别是在我们连续 3 年组织自然笔记全国教师（线上）培训时，进行了精彩报告的专家们，比如国内自然笔记首批倡导者之一芮东莉博士、北京师范大学黄宇副教授、中央美术学院郑勤砚教授、北京教育学院吕鹏教授、北京交通大学陈征副教授、地质学家刘兴诗爷爷、北京市少年宫纪东老师。专家们的教育观点给了主创团队很大的启发。书中也引用了专家们在培训中的部分教学资料，这里表示诚挚的感谢。

还有在培训中热情分享自然笔记创作心得和活动组织经验的伙伴们，如李聪颖老师、余天一老师、张瑜老师、吴雯老师、胡菲老师、陈丽老师、肖翠老师、保冬妮老师、王绍良老师、刘倩倩老师、田楠老师、陈琳老师、陈腊琴老师、吴金海老师、章玉玲老师、陈锋老师、徐晨来老师。从大家分享的精彩案例中，我们看到了自然笔记的无限可能。

还有我们的培训"搭子"——厦门市园林植物园科普馆梁育勤馆长、庄晓琳老师、谷悦老师、陈盈莉老师、任锦媛老师。谢谢你们的支持和帮助。这本书也是一份送给你们的礼物。

感谢生态环境部宣传教育中心、北京市教育学会小学科学教学专业委员会和美术教育专业委员会等单位和组织对"金蕊"自然笔记活动的持续指导和关注，以及北京市少年宫（北京教学植物园）的领导和同事们对这项活动的大力支持，没有这项活动的成功举办就不可能诞生这本书。

最后，衷心感谢利用校外和课外时间参加"金蕊"自然笔记活动的老师和同学们。

希望大家能喜欢这本书。

本书编委会

2025 年 3 月

图书在版编目（CIP）数据

自然笔记教程 / 明冠华主编 ；王鹏等编著.
北京 ：中国青年出版社，2025. 5. -- ISBN 978-7-5153-
7752-0
Ⅰ. G633.552
中国国家版本馆CIP数据核字第20251HN853号

责任编辑：彭　岩
出版发行：中国青年出版社
社　　址：北京市东城区东四十二条 21 号
网　　址：www.cyp.com.cn
编辑中心：010—57350407
营销中心：010—57350370
经　　销：新华书店
印　　刷：北京汇瑞嘉合文化发展有限公司
规　　格：787mm×1092mm　1/16
印　　张：14
字　　数：224 千字
版　　次：2025 年 5 月北京第 1 版
印　　次：2025 年 5 月北京第 1 次印刷
定　　价：59.80 元

如有印装质量问题，请凭购书发票与质检部联系调换。
联系电话：010—57350337